파산 직전의 소상공인은
어떻게 3개월 만에
월 매출 1억을 올릴 수 있었을까

와일드북
WILD
와일드북은 한국평생교육원의 출판 브랜드입니다.

# 파산 직전의 소상공인은 어떻게 3개월 만에 월 매출 1억을 올릴 수 있었을까

**초판 1쇄 인쇄** · 2021년 6월 10일
**초판 1쇄 발행** · 2021년 6월 14일

**지은이** · 서관덕
**발행인** · 유광선
**발행처** · 한국평생교육원
**편 집** · 장운갑
**디자인** · 이종헌

**주 소** · (대전) 대전광역시 유성구 도안대로589번길 13 2층
(서울) 서울시 서초구 반포대로 14길 30(센츄리 1차오피스텔 1107호)
**전 화** · (대전) 042-533-9333 / (서울) 02-597-2228
**팩 스** · (대전) 0505-403-3331 / (서울) 02-597-2229

**등록번호** · 제2015-30호
**이메일** · klec2228@gmail.com

ISBN 979-11-88393-73-2 (03190)
책값은 책표지 뒤에 있습니다.
잘못되거나 파본된 책은 구입하신 서점에서 교환해 드립니다.

# 파산 직전의 소상공인은 어떻게 3개월 만에 월 매출 1억을 올릴 수 있었을까

서관덕 지음
WILDS 출판기획

WILD 와일드북

차 례 CONTENTS

## 1장 절망은 없다

C O N T E N T S

## 2장 불가능은 없다

C O N T E N T S

## 3장 위기는 기회다

C O N T E N T S

## 4장 고객이 답이다

C O N T E N T S

## 5장 물건이 아니라 자신을 팔아야 한다

# 1장 절망은 없다

1

# 내 삶의 전부였던 회사와 일

내 손에는 '한우리창'이라고 적혀있는 폐업신고서가 들려 있다.

망연자실하다 지난 화려했던 순간들이 주마등처럼 스쳐 지나간다. 한때는 여러 현장의 계약서를 들고 동분서주했건만 지금은 폐업신고서를 들고 있다.

10년이 넘도록 유지했던 회사를 정리되는 데는 채 3분도 걸리지 않는다.

차마 떨어지지 않는 발걸음을 재촉하며 엘리베이터 버튼을 누른다. 그러나 몇 번이나 엘리베이터를 그냥 보내고 만다.

한때는 회사가 내 인생의 전부라고 생각했다. 아니 전부였다.

2000년 여름, 직원이 채 5명도 되지 않는 작은 회사의 스카우트

제의를 받았다. 평소 좋아했던 예전 직장의 선배님이었고, 유토피아를 만들자는 그 말에 끌렸다. 열정과 끼가 많은 젊은 사람들이 모여 일을 하다 보니 시간 가는 줄 몰랐다. 시간이 지남에 따라 자연스럽게 매출이 늘고 직원 수도 늘어 가기 시작했다.

바쁜 와중에도 일주일에 한 번 함께 모여 회식을 하는 시간이면 웃음이 떠나지 않았다.

직원들의 차도 바뀌고 내 차도 바뀌었다. 사무실 역시 더 큰 곳으로 이전했다. 게다가 널찍한 나만의 사무실도 생겼다.

어느 해 연말, 50억 매출 돌파 기념으로 무역센터(현 아셈타워) 50층에서 직원과 가족들, 관련 업체 모두를 초대해 성대한 기념식을 했다. 차고 넘치는 자리에서 대표님의 기념사와 그 자리를 빛낸 분들에게 감사장과 기념패를 전달했다.

그러나 호사다마라고 할까. 달이 갈수록 매출은 늘어나건만 직원 간의 사이는 멀어지는 듯한 느낌이었다. 직원과 대표님과의 갈등, 게다가 거래처와의 갈등까지…. 무엇이 문제일까? 한참 잘 나가던 회사생활에 갑자기 회의가 들기 시작했다. 직원들과 대표님의 눈치를 보게 되고 매출에 대한 분배로 불만이 누적되기 시작했다.

어느 날 본사 직원으로부터 전화가 걸려왔다.

"여보세요, 아, 서 부장! 영업자료 좀 보내줘."

"아직 준비가 안 되었는데요."

"뭐, 안 되었다고?"

"근데 왜 반말이십니까?"

수년 전만 해도 격식 없이 지내던 사이였지만 승진을 하며 말투가 바뀌기 시작했다. 대표님과 친분이 있다고 하여 무시하는 말투가 섞여나온 지 1년이 넘었고 결국 그날의 대화는 말다툼으로 번지고 말았다.

그리고 얼마 후 대표님의 격앙된 목소리로 전화가 걸려왔다.

"야, 너 본사 직원에게 뭐라고 했어. 당장 사과해."

"그 친구가 먼저 시비를 걸었습니다. 제 말씀은 들어보시지도 않고……."

본사 직원이 어떻게 말했을지는 듣지 않아도 짐작이 되고도 남는다. 그 일로 인해 결국 나는 그 회사로부터 아니 대표님으로부터 마음을 접게 되었다.

돌이켜 생각해보아도 회사는 승승장구 잘 나갔고 대표님 또한 여유로운 생활을 했지만, 직원들은 항상 일에 쫓기면서 아침부터 저녁

까지 회사에 묶여있었다.

과연 일과 삶의 균형이란 존재하는 것일까? 유토피아는 불가능한 것일까?

2006년도에는 새벽 6시에 출근해서 밤 11시까지 마치 회사가 내 삶의 전부인 양 매달렸지만 '과연 평생 이렇게 일할 수 있을까?'라는 질문에는 선뜻 대답이 나오지 않았고 갈등은 증폭되었다.

그리하여 언젠가는 회사를 차려야겠다는 생각이 들었고, 그로 인해 고민하고 있을 때 아내의 한마디는 나에게 큰 힘과 위로가 되었다.

"당신은 잘할 수 있어! 한번 해봐!"

그렇게 시작된 내 사업은 일취월장하기 시작했고 수입도 증가하기 시작했다. 예전의 월급과는 비교도 할 수 없을 만큼 큰 액수였고 따로 영업할 필요도 없을 정도로 사업이 승승장구했다. 더불어 사업에 관련된 강의도 하게 되었다.

그러나 사업에 관련된 강의를 하면서도 마음이 불편하기 시작했다. 그 무렵, 매출이 급감하기 시작했고, 내가 말하고 있는 사업의 비전과 현재의 내 상황이 다르기 때문이었다.

내 사업체에서 손을 떼는 순간 우리 직원들, 그리고 그 무엇보다 우리 가족들은 어떡해야 할지 막막하기만 했고 도저히 포기할 수가 없었지만 아무런 대안이 없었다.

그리하여 10년 넘게 나와 함께 했던, 내 삶의 모두였던 회사가 사라져버리고 말았다. 너무 허무하게도 단 3분 만에 사라지고 말았다.

이제 끝이라고 생각했다. 아니, 끝이었다.

장밋빛 미래가 바로 코앞이었는데, 어쩌다 이 지경이 된 것일까? 분명히 탄탄대로라고 생각했는데…….

그 누구를 탓하리오.

2

# 일장춘몽

일이 끝나기가 무섭게 참치회집으로 가면 아내는 이미 가장 좋은 자리를 차지하고 있고, 그곳 사장님은 아는 체를 하며 익숙한 듯 참치회를 내오신다. 우선 참치 한 점을 간장과 기름장에 살짝 찍어 김에 올린 후 입속에 넣으면 사르르 녹는 감칠맛이 일품이다. 간장과 참기름이 어우러진 고소한 향기와 코끝이 찡한 고추냉이 맛이며 한 입을 더할 때마다 저절로 미소가 지어진다. 일주일 내내 같은 음식이련만 질리지도 않는다.

직원 시절 대표님을 따라 참치회집에 간 적이 있었다. 대표님은 A급 거래처와 미팅할 때마다 참치회를 대접했지만, 당시에는 참치값이 비싸 평소에 일반 직장인들이 먹기에는 다소 부담스러운 가격이었다.

처음 갔을 때는 어떻게 먹는지 몰라 대표님이 드시는 것을 보며 그대로 따라 할 수밖에 없었다.

참치 한 조각을 간장과 기름장에 살짝 적신 후 김 위에 올려놓는다. 그리고 무순과 생강, 단무지, 고추냉이를 올린 후 돌돌 말아서 입에 넣으면 마치 자석처럼 입에 달라붙는다. 비린 맛이 날 거라는 생각과 달리 참치의 부드러움과 참기름의 향기를 느끼는 순간 고추냉이의 향기가 코끝을 찡하게 하며 입맛을 다시게 된다. 이후 나는 참치회에 매료되었고, 내가 사업체의 대표가 된다면 질리도록 참치회를 먹어봐야겠다는 생각이 들었다.

그로부터 2년이 지난 후 나는 가족과 일주일째 참치회 집에 와 있는 것이다.

돈 걱정 없이 참치회를 먹으며 생각을 했다.

'과연 사장은 이래서 좋구나.'

지난 직장에서 회의를 가졌던 직원들의 가난한 영혼과 대표님의 여유로움이 비교되어 회사 이름을 '한우리창'이라고 지었다.

혼자만 잘사는 것이 아닌 직원도 함께 잘사는 회사를 만들고 싶었고, 초심을 잃지 않기 위해 명함 오른쪽 위에 '직원 만족, 고객 감동'이라는 글귀도 새겨넣었다.

2008년 8월, 10명의 직원들과 충남 서산에 위치한 바다가 있는 창리로 MT를 갔다.

새벽바람을 가르며 차는 서해안을 향하고 있었고 심장이 쿵쾅쿵쾅 뛰었다. 전날 밤을 꼬박 새우며 MT 일정 중 '한우창의 비전과 계획'을 발표할 자료를 만들었다.

드디어 어두움이 사라지고 여명이 밝아오는 것을 보며 우리는 바닷가에 도착했다. 예약한 숙소에 도착하여 짐을 정리하고 다들 큰 방에 모여 앉았다.

나는 6장으로 준비된 발표 자료를 직원들에게 나누어 주었고, 노트북을 열어 떨리는 목소리로 발표를 시작했다.

"저는 저 혼자 잘사는 회사를 만들고 싶지 않습니다. 우리 모두가 잘사는 회사, 바로 '한우리회사'를 만들고 싶습니다. 따라서 여러분이 주인입니다."

분위기는 사뭇 엄숙했지만, 편안하게 앉아 조용히 말을 이어 나갔다.

"대기업들이 '고객 감동'이라는 말을 내세우지만 저는 직원 만족이 더 중요하다고 생각합니다. 직원 만족이 있어야 '고객 감동'도 시킬

수 있는 것 아니겠습니까?"

발표를 마치는 순간 직원들은 자리에서 일어나 박수치며 환호했다.

MT를 마치고 올라온 이후 유니폼을 맞추며 등 쪽에는 '한우리' 로고와 '최고의 시공'이라는 글을 적어넣었다. 왼쪽 가슴에는 직원들의 이름이 잘 보이도록 하얀 글씨로 새겨 넣었다. 처음에 직원들은 유니폼에 글씨가 새겨져서 그런지 쑥스러워했고 입기 싫다고 하여, 우선 연세가 많으신 직원 한 분 한 분을 설득했다.

"젊은 사장의 말씀을 믿고 한 달만 참고 입어 주시면 감사하겠습니다. 분명 좋은 일이 생길 겁니다."

내 생각대로 채 한 달이 지나기도 전에 고객들이 반응을 나타냈다. 시공팀 등에 적힌 '최고의 시공'이라는 글귀대로 진짜 시공을 잘한다며 한마디씩 한다. 그러자 고객들의 반응에 직원들도 행동이 바뀌기 시작했다.

마치 자신들이 무대의 주인공이나 된 듯 더 깔끔하게 시공하는 것은 물론 뒷마무리도 잘했다. 그리고 평소에는 무뚝뚝했던 시공팀이었지만 마치 영업팀이라도 된 듯 상냥하게 고객들을 대했다. 게다가 고객들은 수금이란 말을 하지 않았는데도 미리 결제해주었다.

이제 다음 창문 시공 현장에는 '최고의 시공으로 보답하겠습니다.'라는 10m짜리 현수막을 제작하여 현장에 걸어 놓았더니 고객들이

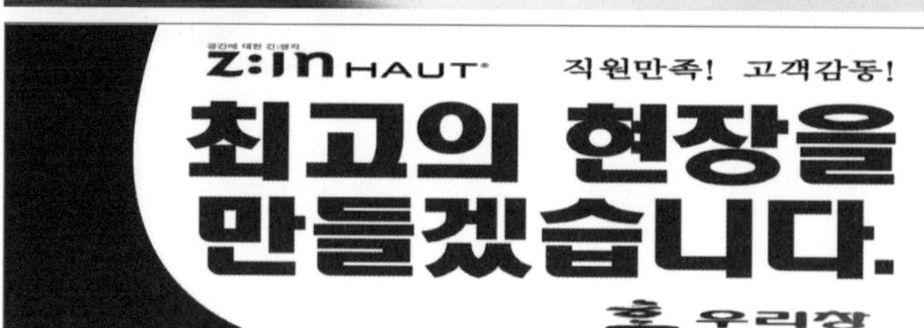

보고 입가에 웃음을 지었다. 그뿐만 아니라 행인들도 보고 가기 시작하더니 곧 매출로 연결되었다.

첫 달 매출이 2천만 원, 그리고 두 달이 채 안 되어 3억을 돌파했다.

이제 직원들은 알아서 유니폼을 챙겨 입었다. 땀으로 얼룩진 유니폼의 등판 글씨가 돋보였다. '최고의 시공'이라는 하얗게 새겨진 글귀를 보며 다짐했다.

'조만간 직원들과 마음껏 참치회를 먹어야겠다.'

정말 멋있는 회사를 만들고 싶었던 그 꿈은 이루어졌고, 더 넓은 평수의 아파트로 이사하며 외제차량도 갖게 되었다. 가족과의 관계도 더 좋아진 것은 말할 나위도 없다. 남 부러운 것이 없었다.

인생은 그렇게 계획대로 흘러가고 있었다.

3

# 회사 밖은 지옥이었다

주문이 밀리다 보니 하루가 멀다고 야근을 했다. 너무 지치고 힘든 하루하루의 연속이었지만 그래도 또 다른 내일을 위해 준비하지 않으면 안 되었다.

도면 그리기, 엑셀 등 사업에 필요한 공부를 했다. 일단 사업체를 거느리게 되면 모든 작업을 할 수 있어야 하기 때문이다.

시간이 갈수록 이제 웬만한 작업은 가능하겠다는 생각이 들었고 그 예상은 적중했다.

바야흐로 이제 시작하는 사업이었지만, 거래처가 많았다. 별도로 영업을 하지 않아도 되었고 심지어 무관심한 척 손을 놓고 있어도 돈이 벌렸다. 기존 회사원의 월급과는 비교조차 할 수 없었다. 정직

원을 포함하여 20여 명이 같은 배를 타고 보니 다시 한번 회사생활이 재미있어졌다. 그러나 그것이 화근이고 실수였다.

생각해보면 분명 조짐이 있었다. 거래처가 하나둘씩 사라지고 있었지만 구태여 신경을 쓰지 않았고 그 정도야 괜찮다고 생각했다. 애써 모른 척했다는 것이 맞을 수도 있을 것이다.

당연히 매출은 점점 떨어져 갔다. 한때는 한 해 10억 매출을 찍은 적도 있었지만, 어느새 1,000만 원대로 떨어져 있었다.

이때 처음으로 위기의식을 느꼈다. 조짐이 있었지만 애써 모른 척 하다 그만 기회를 놓친 것이다.

1920년대에 미국 한 여행 보험 회사의 관리자였던 허버트 W. 하인리히(Herbert W. Heinrich)는 75,000건의 산업재해를 분석한 결과 아주 흥미로운 법칙 하나를 발견했다. 그는 조사 결과를 토대로 1931년 '산업재해예방(Industrial Accident Prevention)'이라는 책을 발간하면서 산업 안전에 대한 1 : 29 : 300 법칙을 주장했다. 이 법칙은 산업재해 중에서도 큰 재해가 발생했다면 그전에 같은 원인으로 29번의 작은 재해가 발생했고, 또 운 좋게 재난은 피했지만 같은 원인으로 부상을 당할 뻔한 사건이 300번 있었을 것이라는 사실을 밝혀냈다.

– '네이버 지식백과'

어떤 상황에서든 문제나 오류를 발견했을 때는 초기에 신속히 해결하고 대처해야 한다. 그렇지 않으면 큰 문제로 번질 수 있다. 내 경우는 후자였다. 이미 건잡을 수 없을 만큼 문제가 커졌던 것이다. 별것 아니라고 생각했던 문제에 내 발목이 잡혔다. 언제부터 이렇게 문제가 커진 것일까?

예전 같으면 공사 중인 기계 소리만 들려도 행복해하며 달려갔다. 심지어 공사 현장 근처에서 잠을 자기 일쑤였지만 아무리 시끄러워도 방해가 되지 않았다. 영업을 할 수 있는 기회이기 때문이었다.

하지만 돌이켜 생각하니 창업 이후 별도로 영업을 한 적이 없었다. 들어오는 수주만으로도 충분했기 때문이었다. 오히려 스케줄을 따로 잡아야 할 정도였다.

너무 방심했고 이미 늦어버렸다. 이제는 거래처에 전화해도 아무런 반응이 없다. 모두 다 힘들다고만 이야기한다. 그렇지, 모두 다 힘들겠지…….

나는 힘든 정도가 아니고 죽을 것 같았다.

한 드라마의 대사가 생각났다.

"회사 안은 전쟁이지? 회사 밖은 지옥이야. 절대로 나오지 마."

호기롭게 사업을 시작했지만 뼈저린 후회와 자책감이 밀려들었다.

'차라리 사업을 하지 말 걸 그랬나? 왜 이렇게까지 된 거지?'

하루아침에 인생이 끝나버리는 것 같았다.

'이렇게만 하면 누구나 사업을 할 수 있습니다.'라고 자신 있게 외치던 자신은 어느새 사라지고 없었다. 이제는 강의마저 못 할 것 같았다. 완전히 망했기 때문이다.

이제 아무리 둘러보아도 도저히 할 수 있는 것이 없어 보였다. 정말 사업을 포기해야만 했다.

우선은 살아야 하기 때문이다.

사는 것이 먼저이기 때문이다.

4

# 절망은 없다

"띵동!"

영업하다 보면 문자메시지는 곧 계약할 수 있는 기회이자 희소식이 아닐까 싶다. 나 역시 그랬다. 문자는 반가운 소식이 아닐 수 없었지만 얼마 전부터는 그 문자메시지가 두렵기만 했다. 아니, 심지어 내 목을 조르는 것 같았다.

2020년 3월, 10년 넘게 운영하던 회사를 뒤로하고 폐업 신고를 했다.

매출은 제로에 가까웠고 생활비를 제외하고라도 매달 지출되는 금액이 200만 원이 넘었다. 대출금 이자, 국민연금, 건강보험, 자동

차세 등 돈이 빠져나갈 때마다 핸드폰의 울림소리가 가슴을 덜컥 내려앉게 한다. 이제 핸드폰의 문자메시지 알림 소리만 들려도 겁이 났다.

통장 잔액은 200만 원밖에 남지 않았다.

이제 정말 살기 위해 폐업을 해야만 했다.

3월 19일, 폐업 신고를 마치고 혼자 쓰디쓴 소주를 마시며 자괴감에 쓴 웃음만 나왔다.

늘 자선사업가라고 자랑하고 다녔건만 오른손에는 달랑 폐업증명서 한 장만 남았다. 이대로 무너져야만 하는가? 무엇이 문제였을까?

그래도 마음 한구석에는 '희망'이라는 단어가 숨어 있었다.

사실 2019년 12월, 사업상 무엇인가 문제가 있다는 것을 알았었다. 당시만 해도 현재의 코로나19로 인한 세계적 팬데믹 현상이 시작되기 전이었다.

3P 연구소의 강규형 대표님을 만나 회사의 시스템에 관한 이야기를 했다.

당시는 바인더라는 용어조차 생소했지만 자신의 하루를 기록하고, 목표를 적었다. 그리고 이후 책과 운동을 가까이했다.

통장의 잔고는 빠른 속도로 줄어들었지만 마음만은 부자였다. 불안한 마음도 여전했지만 분명히 답은 있지 않을까 하는 막연한 생각을 했다.

그러나 통장의 잔고는 최악의 상황이 되었다. 심지어 코로나19까지 닥치게 되니 더는 버틸 수가 없었다.

먼저 아내와 상의 후 나가는 돈부터 줄이기로 했고, 자동차를 팔아 현금화했다. 그리고 아무런 일을 하지 않아도 매월 나가는 돈이 100만 원이 넘어 폐업하지 않을 수 없었다.

다 정리하고 보니 고정지출비가 월 50만 원 이하로 떨어졌지만 현재 남아 있는 돈으로 무엇을 해야 될지 막막하기만 했다. 자기 계발을 위해 열심히 강의를 들었지만 당장 돈이 생기는 것은 아니었기에 더욱 마음은 급해지기만 했다.

이 상황에 자기 계발을 하는 것이 옳을지, 책을 읽는 것이 맞을지 회의가 들기 시작했다.

겉은 번지르르한 사장이었지만 이제 통장 잔고는 200만 원 남짓이었다. 얼마 전까지도 사장이었지만, 아니 지금도 주위 사람들은 그렇게 칭했지만, 통장과 마음은 그렇지 않았다. 통장이 쪼그라든 만큼, 내 마음도 쪼그라들었다. 내 삶의 이유가 사라진 것만 같았다. 도대체 이유가 무엇이었을까?

한때는 지갑에 500만 원짜리 수표를 가지고 다니기도 했을 만큼 여유가 있었다. 돈은 물론이고 시간적인 여유까지 있었다. 시간과 돈을 바꾸는 직장인과는 달리 내 시간을 스스로 결정하고 관리할 수 있었다.

가족들과 보내는 시간, 독서 등 하고 싶은 일을 가장 먼저 계획해 놓았다. 심지어 사업 계약도 뒷전이었다. 나중에 해도 문제가 없었기 때문이다.

그리하여 해마다 제주도를 다녀왔다. 당일치기로 다녀오기도 했는데, 새벽 비행기를 타고 제주도로 가서 신선한 회를 먹고 그날 밤 올라와 종일 쉴 수도 있었다.

그러나 대부분 자투리 시간이 아닌 종일의 시간을 가족과 함께했고, 정말 행복했다.

이제는 그 여유를 당분간은 즐길 수 없다.

돈이 된다면 무엇이라도 해야만 했다. 이렇게 마냥 손 놓고 있을 수만은 없었다.

## 5

# 귀인을 만나다

귀인은 인생에서 몇 번이나 올까. 어떤 사람들은 기회라는 표현을 하기도 하며 일생에 두세 번 정도 기회가 온다고 한다.

그런데 나는 그 말들을 부정하고 싶었다. 내가 경험해 보니 인생에 있어서 기회는 늘 존재할 수 있다고 생각한다. 즉 내 잠재의식과 긍정적인 마인드를 사용하게 되면 귀인이 온다는 것이다.

거래처 사장님으로부터 걸려온 전화 한 통, 그 당시에는 전혀 귀인인지 기회인지 알지 못했다. 그런데 시간이 지나고 7월 기점에서 바로 그분이 귀인이었구나 하고 깨달을 수 있었다. 왜냐하면 7월이 되니까 그분을 통한 매출액이 1억이 넘었던 것이다.

그제야 아, 이분이 귀인이구나 하고 생각하게 되었다. 이 글을 읽는 독자 여러분에게도 마찬가지로 귀인은 생각하기 나름일 것이다.

한마디로 독자 여러분도 생각에 따라서 달라진다. 즉 '서관덕이라는 사람이 나한테는 귀인이다.' 하고 생각하면 그렇게 되는 것이다. 그런데 어떤 사람은 부정적인 생각을 한다.

어찌했든 그 거래처 사장님과 연결되면서 귀인들을 하나둘씩 만나기 시작하고, 성과가 나기 시작했다.

그러면서 첫 번째 고객을 만나게 된다. 바로 4월 20일, 첫 계약이었다.

지난 3월까지만 해도 원점이었다. 계약이 없었고 늘 위기였다. 그러던 중에 첫 번째로 340만 원짜리 계약을 하게 된 것이다.

340만 원이면 비싸 보일 것이다. 바로 시스템창호였다.

예전 같으면 이런 창 하나는 눈에 들어오지도 않았다. 이런 창은

10개, 20개, 나아가 100개를 했을 때의 그때 마음과는 전혀 다르다.

그때 나는 어떤 느낌이었을까.

4월 20일, 첫 계약을 하고 왔는데, 340만 원이 3억 4천만 원으로 느껴진 것이다. 아마 독자 여러분도 이런 느낌을 받아 본 적이 있을 것이다.

돈은 바닥 상태에 있고 순간 순간이 간절한 터에 딱 계약이 되는 순간, 그 고객은 구세주처럼 최고의 고객으로 보였다. 부동산을 운영하고 있는 고객인데 당시 내 눈에는 정말 최고의 고객으로 보였다. 그런데 나중에 또 그분이 연결되었다.

나는 목표를 세웠다. 가족도 있는데 포기할 수는 없었다.

우선 4월부터 무엇을 할지, 돈을 벌 수 있다면 얼마나 벌 수 있을지, 수기로 한번 그냥 적어보았다. 그렇게 해서 드디어 340만 원짜리가 계약이 된 것이다. 그 계약으로 인한 순수익은 30만 원 정도밖에 안 되지만, 얼마나 감사하던지 그 계약을 발판 삼아 다시 또 열심히 일했다.

그러나 그때 나는 그냥 평범하게 해서는 안 되겠다 싶어서 현수막을 만들었고, 처음 계약이 되었을 때 다음과 같은 현수막을 걸어놓았다.

“고객님의 꿈과 희망을 연결해 드리겠습니다.”

“고객님, 최고의 시공으로 보답하겠습니다!”

어떻게 보면 내 자존심도 있겠지만 최선을 다하겠다는 마음 표현으로 현수막을 걸어 놓고 시공을 했다. 그랬더니 첫 번째 현장에서 반응이 나타나기 시작했다. 바로 사람들이 소개해주기 시작한 것이다.

고객님
빛의 통로 창
최고의 시공으로 보답하겠습니다
신화창호 010-5542-9247

6

# 340만 원이 1억이 되다

5월이 되자 계약금액이 늘기 시작했다.

보통 우리 업계에서는 3월~5월 정도까지만 해도 '대면, 비대면' 이런 말들이 나올 시점이다.

이때 나는 인터넷을 이용해서 시공 현장에서 작업했던 내용을 블로그에 올려놓기 시작했다. 근데 참 감사하게도 그 블로그를 보고 찾아오는 고객들이 있었다.

당시 박종윤 작가의 '내 운명은 고객이 결정한다.'라는 책을 정말 얼마나 감명 깊게 읽었는지 모른다.

나름대로 영업을 많이 하고 있다고 생각했는데 생각해보니 고객의 입장이 아니라 내 입장에서 영업을 했던 것이다.

창문을 팔 때도 창문에 대해서만 설명을 잘하면 고객들이 수긍하며 계약하는 줄 알았었다. 나 역시도 15년 넘게 영업을 했지만 막상 그 책을 읽고 보니 고객에 대한 개념이 완전히 바뀌게 되었다.

만일 혼자 사업을 한다면 고객에 대해서 얼마나 알고 있을까? 독자 여러분도 고객은 독자분의 이야기를 얼마나 들을지 생각해보기 바란다.

감히 100% 단언하지만 고객의 입장에서 이야기하는 것보다, 대부분 내 입장에서 이야기하게 될 것이다. 아무리 부정한다 할지라도 대화를 하다 보면 거의 내 입장에서 이야기를 했던 것이다.

그래서 관점을 바꾸는 데 많은 시간이 걸렸다.

고객에 대한 개념이 바뀌면서 5월에 이어 6월 매출도 올라가기 시작했다. 그러더니 급기야 7월 매출액은 1억 1,000만 원을 넘게 되었다.

내 자신도 놀라지 않을 수 없었다. 그때는 블로그와 인터넷을 통해서 바로 연락이 오고 계약이 되기 시작했다. 또한 소문을 듣고 오는 분들, 인터넷에 있는 블로그나 현수막, 인스타들을 보고서 계약 문의가 들어왔다.

처음 고객을 관리할 때 '일기를 쓴다.'라는 표현처럼, 한 분, 한 분의 얼마나 소중한지 그 사람에 대한 특징을 기록하기 시작했다.

처음에는 형식 없이 그냥 낙서하듯이 써 내려갔다.

처음 상담한 날짜에 '이 사람은 어떤 사람이다, 안방과 작은 방은 단열이 원활하다, 가을 공사 예정이다.' 이런 식으로 적어놓았다. 그러다 보니 이제 사람들의 고민거리가 보이기 시작했다.

불편함을 해결해드리니까 고객은 다가오기 시작한다.

우리가 많은 걸 주려고 하는 것보다는 먼저 귀를 열고, 고객들의 불편한 것을 듣다 보니까 반응이 오기 시작한 것이다.

그리하여 크게 두 가지로 분석을 했다.

날짜가 지나면서 바인더를 조금 더 형식지로 바꾸면 안 될까 해서, 병원의 차트처럼 '고객관리카드'라고 이름을 정했다. 물론 이름도 있겠지만 기본적인 정보를 다 적을 수 있도록 만들어 놓았다.

이 고객은 어떻게 왔는지, 그리고 일반 고객인지 인테리어인지, 건설사인지…….

누구든 사업을 할 때는 분명히 본인만의 고객층이 있기 마련이다. 그렇기 때문에 그 고객에 대해서 하나하나 기록해 두는 것이 정말 현명한 일이며 장차 사업을 구상하는 데에도 도움이 될 것이다.

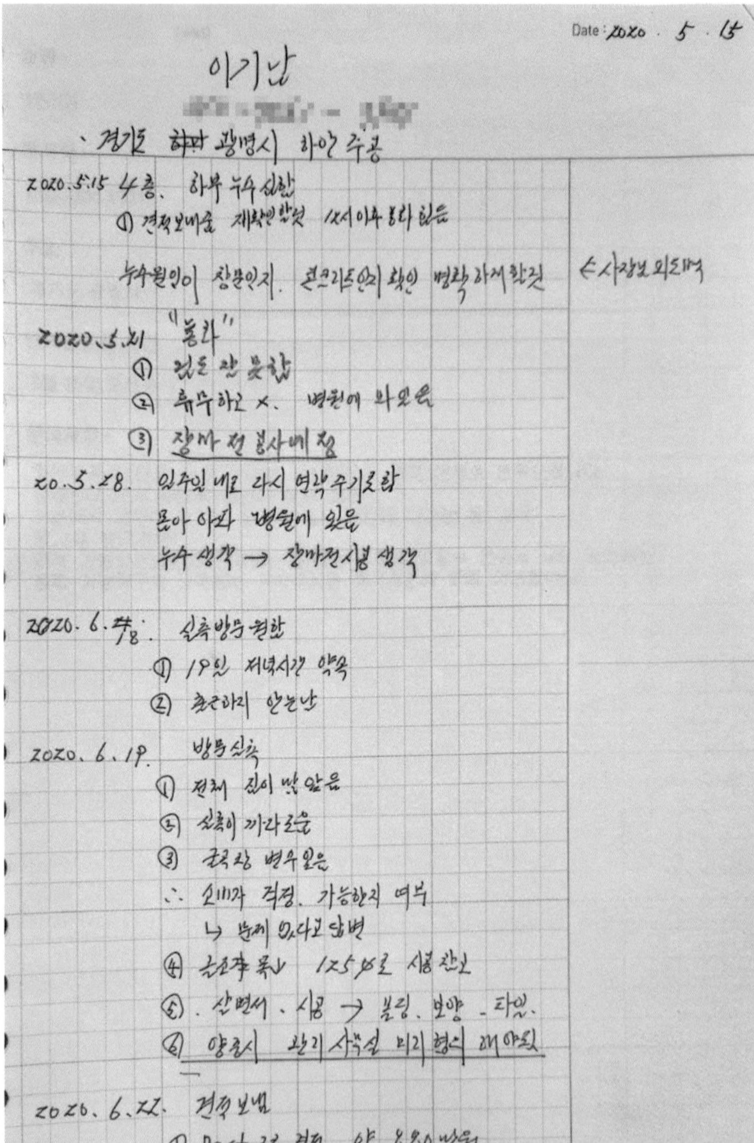

Date: 2020. 5. 15

이기남

[redacted]

· 경기도 ~~하남~~ 광명시 하안 주공

2020.5.15 4층. 하부 누수 심함

① 견적보내줄 재확인할것 1주이후 통화 원함

누수원인이 창문인지. 콘크리트인지 확인 명확하게 할것 ← 사장님 의도파악

2020.5.21 "통화"

① 견은 잘 못함

② 휴무하고 ×. 병원에 와있음

③ 장마 전 공사예정

20.5.28. 일주일 내로 다시 연락주기로 함

몸이 아파 병원에 있음

누수 생각 → 장마전시공 생각

2020.6.~~7~~8. 실측방문 원함

① 19일 저녁시간 약속

② 출근하지 않는날

2020.6.19. 방문실측

① 전체 집이 낡지 않음

② 실측이 까다로움

③ 군데군데 변수있음

∴ 교체가 걱정. 가능한지 여부

↳ 문제 없다고 답변

④ 금호후 목 1.25T로 시공 권고

⑤ . 샷시 . 시공 → 실링. 보양 . 타일.

⑥ 양호시 관리사무실 미리 협의 해야됨

2020.6.22. 견적보냄

① Best3로 견적 약 880만원

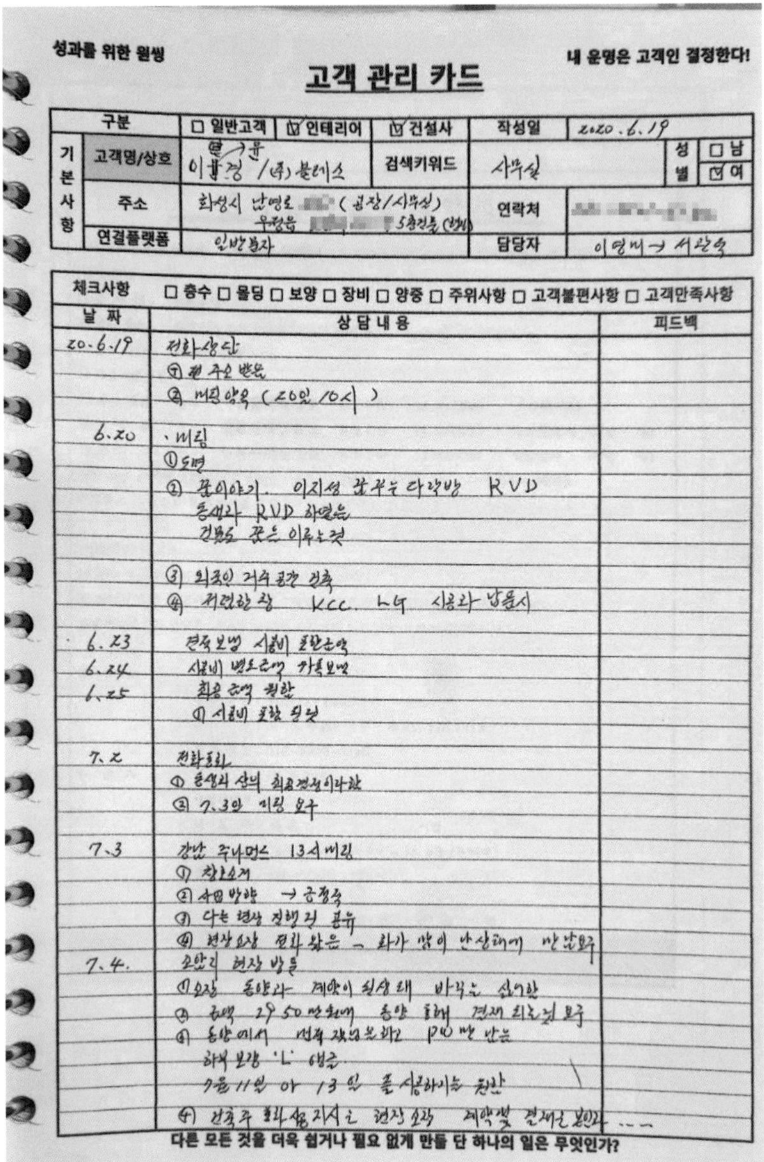
성과를 위한 원씽　　　　내 운명은 고객이 결정한다!

## 고객 관리 카드

| 구분 | | ☐ 일반고객 | ☑ 인테리어 | ☑ 건설사 | 작성일 | 2020.6.19 | | |
|---|---|---|---|---|---|---|---|---|
| 기본사항 | 고객명/상호 | 이[illegible]경 / (주)블레스 | | | 검색키워드 | 사무실 | 성별 | ☐ 남 ☑ 여 |
| | 주소 | 화성시 남양로 [illegible] (공장/사무실) 우정읍 [illegible] 5층건물(건축) | | | 연락처 | [illegible] | | |
| | 연결플랫폼 | 일반[illegible] | | | 담당자 | 이영미 → [illegible] | | |

체크사항　☐ 층수 ☐ 몰딩 ☐ 보양 ☐ 장비 ☐ 양중 ☐ 주위사항 ☐ 고객불편사항 ☐ 고객만족사항

| 날짜 | 상담내용 | 피드백 |
|---|---|---|
| 20.6.19 | 전화상담<br>① 주소 받음<br>② 미팅약속 (20일 10시) | |
| 6.20 | · 미팅<br>① 도면<br>② 꿈이야기. 이지성 꿈꾸는 다락방 RVD<br>동생과 RVD 하면은<br>건물도 꿈은 이루는 것<br>③ 외조인 거주공간 건축<br>④ 저렴한 창 KCC. LG 시공과 납품시 | |
| 6.23<br>6.24<br>6.25 | 견적보냄 시공비 포함금액<br>시공비 별도금액 가격보냄<br>최종 금액 결정<br>① 시공비 포함 진행 | |
| 7.2 | 전화통화<br>① 동생과 상의 최종결정 [illegible]<br>② 7.3일 미팅 요구 | |
| 7.3 | 강남 [illegible] 13시 미팅<br>① 창호소개<br>② 수입방향 → [illegible]<br>③ 다른 현장 진행건 공유<br>④ 현장소장 전화 왔음 [illegible] | |
| 7.4. | 소장의 현장 방문<br>① [illegible]<br>② [illegible]<br>③ [illegible]<br>하부 보강 'L' [illegible]<br>7월 11일 아 13일 [illegible]<br>④ [illegible] ... | |

다른 모든 것을 더욱 쉽거나 필요 없게 만들 단 하나의 일은 무엇인가?

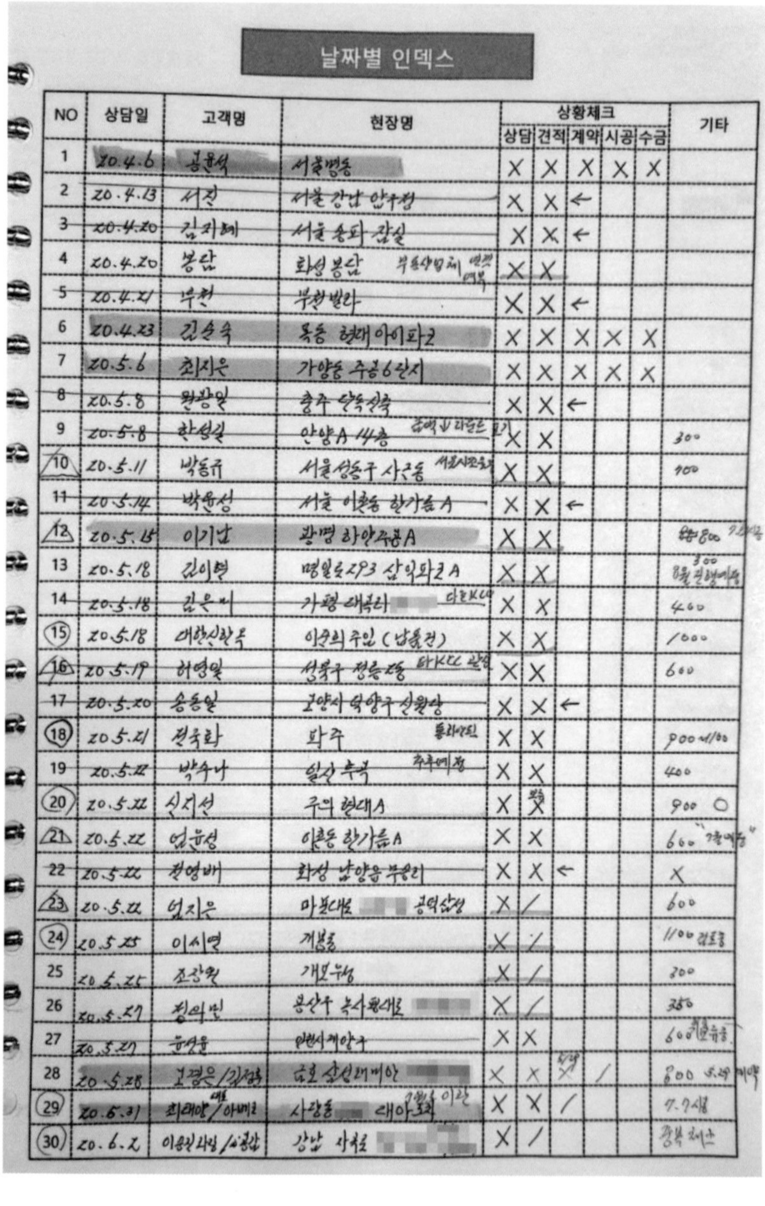

## 날짜별 인덱스

| NO | 상담일 | 고객명 | 현장명 | 상황체크: 상담 | 견적 | 계약 | 시공 | 수금 | 기타 |
|---|---|---|---|---|---|---|---|---|---|
| 1 | 20.4.6 | 공윤석 | 서울명동 | X | X | X | X | X | |
| 2 | 20.4.13 | 서진 | 서울 강남 압구정 | X | X | ← | | | |
| 3 | 20.4.20 | 김지혜 | 서울 송파 잠실 | X | X | ← | | | |
| 4 | 20.4.20 | 봉담 | 화성 봉담 | X | X | | | | |
| 5 | 20.4.21 | 부천 | 부천빌라 | X | X | ← | | | |
| 6 | 20.4.23 | 김순옥 | 목동 현대아이파크 | X | X | X | X | X | |
| 7 | 20.5.6 | 최지은 | 가양동 주공6단지 | X | X | X | X | X | |
| 8 | 20.5.8 | 원광일 | 충주 단독신축 | X | X | ← | | | |
| 9 | 20.5.8 | 한성길 | 안양A 14층 | X | X | | | | 300 |
| 10 | 20.5.11 | 박동규 | 서울성동구 사근동 | X | X | | | | 700 |
| 11 | 20.5.14 | 박윤성 | 서울 이촌동 한가람A | X | X | ← | | | |
| 12 | 20.5.15 | 이기남 | 광명 하안주공A | X | X | | | | 800 |
| 13 | 20.5.18 | 김이현 | 명일로 293 삼익파크A | X | X | | | | 300 8월 진행예정 |
| 14 | 20.5.18 | 김은미 | 가평 대곡리 | X | X | | | | 400 |
| 15 | 20.5.18 | 대한신학원 | 이순의 주인 (남윤건) | X | X | | | | 1000 |
| 16 | 20.5.19 | 허영일 | 성북구 정릉2동 | X | X | | | | 600 |
| 17 | 20.5.20 | 송동일 | 고양시 덕양구 신원동 | X | X | ← | | | |
| 18 | 20.5.21 | 전국화 | 파주 | X | X | | | | 900→1100 |
| 19 | 20.5.22 | 박수나 | 일산 후곡 | X | X | | | | 400 |
| 20 | 20.5.22 | 신지선 | 주의 현대A | X | X | | | | 900 ○ |
| 21 | 20.5.22 | 엄윤성 | 이촌동 한가람A | X | X | | | | 600 "7월예정" |
| 22 | 20.5.22 | 천영배 | 화성 남양읍 무송리 | X | X | ← | | | X |
| 23 | 20.5.22 | 엄지은 | 마포대로 공덕삼성 | X | / | | | | 600 |
| 24 | 20.5.25 | 이시영 | 개봉동 | X | / | | | | 1100 검토중 |
| 25 | 20.5.25 | 조창현 | 개포우성 | X | / | | | | 300 |
| 26 | 20.5.27 | 정의빈 | 용산구 녹사평대로 | X | / | | | | 350 |
| 27 | 20.5.27 | 윤성윤 | 인천시 계양구 | X | X | | | | 600 보류중 |
| 28 | 20.5.28 | 고경은/김정호 | 금호 삼성래미안 | X | X | X | / | | 800 5.29 계약 |
| 29 | 20.5.31 | 최대양/아버지 | 사랑동 래미안 | X | X | / | | | 7.7시공 |
| 30 | 20.6.2 | 이용진과장/사장님 | 강남 사옥 | X | / | | | | 중복 체크 |

신화창호 계약관리
신화창호 계약관리
신화창호 계약관리
PINK
빛의 통로, 창(窓)을
인류의 모든 사람에게
꿈과 희망을
연결해드리겠습니다
3P BINDER
3P BINDER
3P BINDER

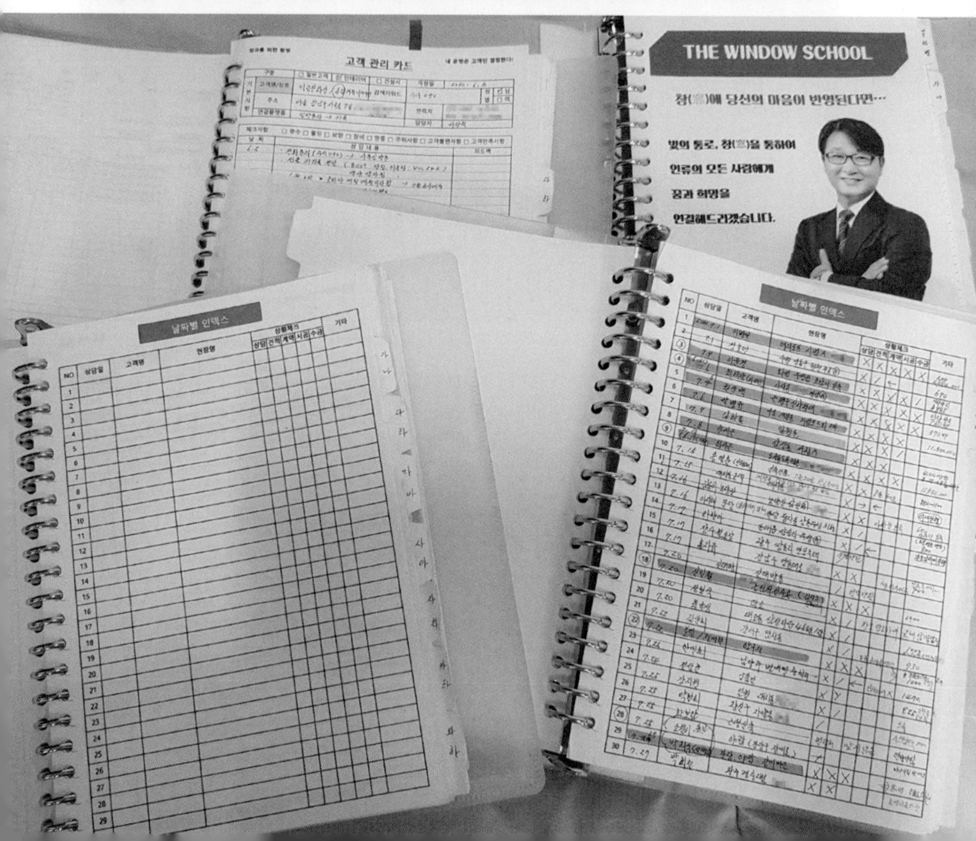
고객 관리 카드
THE WINDOW SCHOOL
창(窓)에 당선의 마음이 반영된다면…
빛의 통로, 창(窓)을 통하여
인류의 모든 사람에게
꿈과 희망을
연결해드리겠습니다.
날짜별 인덱스
날짜별 인덱스

2020년 발주내역서
2020
서관덕
연도별 A/S 관리대장
2020.01.01
서관덕
주업무
업무
일일업무일지
2020
서관덕
주업무
업무
발주내역서
2020
서관덕
주업무
고객관리
한우리창 견적관리
2020
서관덕
주업무
고객관리
신화창호 계약관리
2020.4.~6.
서관덕
주업무
고객관리
신화창호 계약관리
2020. 8
서관덕
주업무
고객관리
신화창호 계약관리
2020. 7
서관덕
부업무
상담자료
제주신축현장
2020
서관덕
고객감동 바인더
2020.01.01
부업무
직무
회사룰북
2020
서관덕

2장

# 불가능은 없다

1

# 인생이 달라진 청소력

평소에는 정리에 대해 신경도 쓰지 않았다. 정리할 시간이 없었다는 것이 맞을까? 하지만 '청소력'이라는 책을 읽고 내 생각은 달라지게 되었다.

사업의 번영, 행복한 가정, 꿈의 실현, 심지어 인생이 모두 방 정리에 달려 있다는 글에 나의 눈이 멈추었다.

'지금 내가 힘든 것도 정리와 연관이 있을까?'

믿어보기로 했다. 인생이 극적으로 변화시키는 청소력을 믿어보기로 했다.

나름대로 정리를 잘하고 산다고 생각했고, 버릴 것도 없다고 생각했다. 그런데 큰 포댓자루가 하나씩 하나씩 쌓이더니 스무 개가 나왔다. 정말 놀랐다. 그 이후 방 가구 색상도 맞추고, 딸의 방과 창고까지 다 정리했다. 방 정리에서 시작된 청소는 무려 두 달 동안 이어졌다. 주위에서 이상하게 생각할 정도였다.

청소하다 보니 대문도 엉망이었다. 오래된 대문이라 페인트가 군데군데 벗겨져 있었다. 문을 새로 달 돈은 없었지만, 페인트를 사서 칠할 수 있을 것 같았다. 그러나 우리 집이 아니었기에, 주인을 설득했다.

온 가족이 함께 페인트칠을 했다. 너무 밋밋한 것 같아서 최근 읽었던 책에 나오는 '핑크 펭귄'을 그렸다. 훨씬 좋아 보였다. 거울도 달고, 꽃도 달았다. 글귀까지 새겨 넣었다. 그런데 어느새 명소가 되어있었다.

"당신의 하루가 태양처럼 빛나길"

사실 나에게 하고 싶은 말이었다. 매일 집을 나설 때마다 긍정의 에너지를 느끼고 하루하루 최선을 다하는 삶을 살고 싶었다.

많은 사람들이 정리의 힘을 모른다. 사실 나도 몰랐다. 하지만 모두 다음의 말을 들으면 깜짝 놀란다.

"지금 여러분의 방이 여러분의 상태입니다. 여러분의 미래입니다. 바로 여러분의 운명입니다."

강의를 듣는 모든 사람들이 놀란 토끼 눈이 된다. 나도 믿지 않았다. 하지만 매출이 전혀 없던 그 상황에서도 나는 정리를 했다. 정리를 통해 내 운명이 바뀔 수 있다는 말을 믿었기 때문이다. 그리고 지금은 정말 그렇게 되었다.

성공에 대한 책을 읽으면서도 잠재의식에 관해 많은 생각을 했다. 아무리 긍정적으로 생각을 바꾸려고 했지만 쉽지 않았다. 그런데 가장 쉽게 그 잠재의식을 바꾸는 방법이 바로 환경을 바꾸는 것이었다. 그리고 그 환경은 정리로 쉽게 바꿀 수 있다.

최근 한 건축가의 강연을 들은 적이 있다. 대략적인 이야기는 아래와 같다.

전세 기간이 만료되어 이사를 하게 되었다. 그런데 이사 갈 집에 문제가 생겨, 잠시 살던 집보다 작은 곳으로 가게 되었다. 문제는 짐이었다. 어쩔 수 없이 정말 필요한 물건들만 가져가고 나머지는 보관업체에 맡기기로 했다. 정말 다 필요한 물건이라 고르는 데 얼마나 애를 먹었는지 몰랐다. 그런데 몇 달 동안 작은 집에 살면서 단 한 번도 그 보관업체에 연락할 일이 없었다. 필요한 물건이 없었고, 불편한 것이 전혀 없었기 때문이다.

그 이후 집에 대한 생각이 달라졌다는 강연을 들으며 많은 생각을 했다. 의외로 우리는 너무 많이 가지고 있는 것은 아닐까?

여러분도 책상 정리부터 했으면 한다. 심지어 어떤 군인은 침대부터 정리하라고 한다. 아니 침대만 정리해도 인생이 바뀐다고 한다.

여러분도 오늘부터 정리를 해보면 어떨까? 분명히 인생이 변할 것이다. 아니 변할 수밖에 없다.

2

# 환경을 바꾸자

거의 두 달에 걸쳐서 청소하는데 먼저 책꽂이부터 정리했다. 책꽂이를 보니까 나름대로 정리가 잘됐다고 생각했는데 책을 찾기도 힘들고 뭔가 어수선해 보였다. 무조건 쑤셔 넣다 보니 그리된 것 같았다.

그래, 책꽂이부터 정리하자. 그다음에는 방, 그리고 거실을 정리하기로 했다.

가족들이 하나가 돼서 일단 밖으로 다 끄집어내서 보니 정말 지저분해 보였다. 이 정도만 해도 깜짝 놀라지 않을 수 없었다. 심지어 이사 올 때 버리고 왔어야 할 물건도 그대로 있었다. 그리하여 정리하면서 자루에다 버릴 것과 나누어 줄 것, 그리고 쓸 것들을 하나하나 분류했다.

그런데 버릴 것들을 보니까 세상에, 20자루가 넘게 나왔다.

여러분은 실감이 나지 않을 것이다. 그럼 한번 시간을 내서 정리해보기를 바란다.

내 경우는 10년 전에 아이들이 쓰던 물건들이며 아주 작은 장난감까지 그대로 다 있었다. 나도 모르게 보관하고 있었던 것 같다.

여러분들은 왜 환경을 바꾸라는 말을 신랄하게 하는지 이해하지 못할 것이다.

막상 청소한다고 마음을 먹어도 내일 하지 뭐 하고 미루게 되는 것이 사람의 습성이다. 그리고 막상 청소하다 보면 너무 힘들고 지치기 마련이다. 오죽하면 옆집 사시는 할아버지가 나에게 "아니, 그 집 양반은 매일 무슨 청소만 하나?" 하고 물을 정도였다. 두 달 동안 청소만 하며 버리고 내놓고, 또 버리고 하는 모습을 위에서 매일 지켜보시면서 신기하다고 느끼신 것이다.

진짜 질리도록 청소를 많이 했다.

그럼 대문은 어땠을까?

앞서 핑크 펭귄 대문이라고 멋있게 소개했지만, 당시 우리 집 대문 앞에는 쓰레기가 넘쳤다.

여러분들은 깨진 유리창 법칙을 들어 보았을 것이다.

그 말 그대로 정말 모르는 사람들이 와서 우리 집 앞에 쓰레기를 버리고 갔다. 쓰레기를 버리지 말라는 문구를 써놓아도 사람들이 개의치 않고 또 버리는 것이다. 무엇이 문제일까? 답은 간단했다. 한마디로 대문이 너무 지저분했던 것이다.

그래서 대문도 고치자고 마음을 먹고 페인트를 사 왔다.

가족들이 하나가 되어 백색으로 칠한 다음 그 위에 그림을 그리기로 했다.

당연히 우리 딸들도 한마음으로 페인트를 칠한 다음 밑그림은 무슨 그림이 좋을지 상의하다가 핑크 펭귄을 그리기로 한 것이다.

뭔가 주변의 이목을 끌며 살아보자는 마음에서 핑크 펭귄을 그리기 시작했다.

아니나 다를까, 지나가는 사람들이 다 쳐다보고 가더니 핑크 펭귄이 그려지면서 사람들이 관심을 두기 시작했다.

"와, 신기하네."

주변 사람들이 한마디씩 하고 가니 나도 기분이 좋아졌다. 그리하여 내친김에 '제대로 그려 보자.'라며 아내도 같이 그렸다.

이윽고 핑크 펭귄 대문을 만들고 거울도 달아놓았다. 거울을 달아놓으면 나쁜 짓을 못 한다는 말이 있기에 그대로 해 본 것이다.

우체통 역시 지저분한 것들을 벗겨 내고 새로 바꿨다.

거울 뒤에는 그 주변을 꽃으로 장식해놓았더니 지나가는 사람들이 사진을 찍고 갔다. 이제 명소가 된 것이다. 쓰레기를 버리던 사람들이 많았었는데 이제는 사진을 찍고 가는 사람들이 생긴 것이다.

처음에 딸들은 창피하다고 하더니 이제는 딸들도 유명세를 치르게 된 것이다. 한발 더 나아가 딸들은 블로그에 본인들이 사진을 찍어서 올리기 시작했다.

지금은 지나가는 노인들이며, 이웃들도 응원하면서 거울 한 번씩 보고 가고는 한다.

'청소력'이라는 책에서 '우리 집부터 정리하자, 눈에 보이는 걸 정리하면 보이지 않는 내 마음이 정리되기 시작한다.'라는 문구가 있거니와 '청소'는 내 마음의 잠재의식이 깨워지기 시작한다.

신기하게도 보이지 않는 부분을 청소하려면 보이는 부분, 내 주변에 눈에 보이는 것부터 청소하고 정리를 하니까 내 마음도 청소가 된다는 이론인데, 내가 직접 경험해 보니까 100% 맞는 말이었다.

PINK
PENGUIN

PINK
PENGUIN

PINK

PINK
PENGUIN

그리고 이때부터는 플러스의 힘이 들어오기 시작한다.

청소력을 읽다 보면 마이너스 자장과 플러스 자장이라는 것이 나오는데 먼저는 제거하는 게 제일 중요하다고 한다. 집안에 잘못되어 있는 것, 자신에게 부정적인 요소 등을 제거해야 한다는 것이다.

데이비드 호킨스 박사의 '의식혁명'에도 '우리는 200룩스 이하로 부정적인 요소의 힘을 갖고 사는데, 그것을 넘어가려면 200룩스 이상의 힘을 가지고 살아야 한다.'라고 한다. 그 말처럼 우리 의식 수준에는 부정적인 의견들이 정말 많다. 평균이 200룩스 이하다. 최고로 높은 수치는 1,000룩스인데, 그것이 바로 깨달음의 최고 경지라고 한다.

그리고 긍정적인 힘은 용기부터 나오기 시작한다고 한다.

깨달음, 평화, 기쁨, 사랑, 포용, 자발성, 중립, 용기 등이 긍정적인 힘이다.

부정적인 것들은 부정행위, 분노, 욕망, 두려움, 슬픔, 무감정, 증오, 죄책감, 수치심 등이다.

3

# 책을 정리하자

책을 읽는다는 것이 말처럼 쉽지는 않다. 더구나 연세 드신 어르신들은 눈도 안 좋고 쉽게 피로가 와서 더 힘들 수도 있어 책 한 권 읽기에도 벅찰 것이다.

그러나 나는 책을 많이 읽으려고 하지 말고, 단 한 권의 책을 읽더라도 내 것으로 만들어야 한다고 생각한다. 즉 읽고 나서 깨달은 것을 내 것으로 만들어야 한다. 단 한 권만이라도 내 것으로 만들면 되는 것이다.

1,000권, 2,000권 다독도 좋지만, 그보다 더 중요한 것은 한 권이라도 제대로 정독해서 정리한 다음, 내 것으로 만들어가는 것이 가장 중요하다.

책을 정리하고 나면 머리에서 화학반응이 일어나서 생활 중에도 강의자료처럼 술술 나오게 되는 것이다. 이것이 바로 책을 정독했을 때 나타나는 현상이다. 단지 읽기만 해서는 효과가 전혀 없다. 시간이 좀 더 걸리더라도 상관이 없으니 정독을 해야만 한다.

책의 내용이 100%는 아니겠지만 약 50%, 적게는 20%~30%의 내용이 흡수된다. 그런다 해도 그 내용은 곧 강의자료가 되고는 한다.

내 경우는 마인드맵으로 책을 읽고, 마인드맵으로 한눈에 볼 수 있도록 정리를 한다. 정리하는 방식 중 아날로그 방식도 있다.

책들을 보면 한 번에 다 한눈에 들어온다. 이렇게 계속 마인드맵을 사용해서 정리하는 것이다.

마인드맵은 참 신기하게도 우리 뇌가 쉽게 이해할 수 있도록 해준다. 뇌의 구조와 똑같다고 보면 된다. 시냅스라고 하는데, 신경세포의 시냅스에서 가지들이 생겨서 연결되는 것처럼, 우리 뇌의 구조는 그렇게 방사형으로 되어있다.

일반 텍스트가 아니라, 방사형으로 하나하나 그려나갈 때 주 가지와 세부 가지로 쳐 나가며 쉽게 이해가 되고 한눈에 볼 수 있다. 좌뇌는 마치 눈으로 하나하나 보듯이 텍스트를 인지한다. 텍스트를 인지하는 속도는 사람들마다 조금씩 다르겠지만 한꺼번에 많은 양을 흡수하기는 힘들다. 그런데 우뇌는 신기하게도 한꺼번에 다 찍는다. 이를 사진 기법이라고 한다. 한 번 보는 순간 다 인지가 되는 것이다.

우리가 운전하다 보면 앞에 있는 표지판을 보게 되는데 우뇌를 쓰는지 좌뇌를 쓰는지 쉽게 이해할 수 있다. 즉 표지판을 써진 글자를 한 글자 한 글자 보지 않고. 사진 기법으로 한 번에 딱 읽어버리는 것이다. 바로 우뇌를 사용한다는 증거다.

우뇌는 짧은 시간에도 한꺼번에 많은 정보를 흡수할 수가 있다. 그래서 이와 같은 마인드맵 기법을 사용하는데 다음과 같이 정리하면 좋다.

제목, 내용, 깨달았던 것을 3P 바인더에서 적용해 본 방법인데 중요한 건 별표 1, 그다음 더 중요한 건 별표 2개, 정말 나한테 적용할 수 있는 것은 별표 3개, 그다음에 박스는 내가 적용할 부분에 밑줄을 긋고 조금 더 발전되면 많은 사람에게 한 번에 공유할 수 있는 것들, 즉 디지털로 정리하는 것이다. 한 번에 많은 사람에게 많은 정보를 줄 수 있다는 장점이 있다.

p105~106 ★ 종이위에서 성공한 3%. : 나는 전적으로 믿는다. 꿈을 기록하면 반드시 이루어진다.
목표를 시각화 하고 늘 소지하고 다닌다면 2020년 이후의 삶은 추월차선 틀림없다.

⑤ ☒ 보물지도와 바인더. 지갑소지 실행

p114 ★ 향방없이 살던 나를 다시 일깨워 주었습니다. "역산 스케줄링 습관" 지도나는 책을 읽습니다

⑥ p116 ☒ 가족 연간계획 세우기 워크샵 : "워크샵에서 실행" 하프타임 – 후반전작전타임

p117 하킹크 5:0 하프타임 쉬는시간 ✕ → 후반전을 위한 작전타임 "마음속 호루라기"

p157 3시간 × 3배 효과 = 9시간 (건강과 성공획득)

p167 아는것과 실천 사이의 차이 (Knowing – Doing – Gap) ∴ 실행 Not 알기 But 하

⑦ 알 – 보 – 시 – 지 (알려주고, 보여주고, 시켜보고, 지켜보고)

p190 ☒ 자간계획표 작성시 알란 활용 3%. 아침. 점심. 저녁. / 금요일.

p236 순서화 된 절차란 '진화하는 유전자'이다.

⑧ ☐ 생의부 매뉴얼 제작 실행 ⇒ 바인더화

p238 ⑨ 표준을 만드는 자가 표준을 따르는자를 지배하는 세상이다.

☑ 창호의 표준 만들기

p240 조직 또는 모든것 불평불만 ← 기회 이다.

★ 회사 창호없게 불편한것 → 오비라 견적. 제품. 공급등. 해요 "회사 업무일지 만들기"

★ 교회 동일

⑩ ☒ 마인드맵 통하여 문제점 찾기

p243 매뉴얼과 표준으로 업무량도 획기적으로 줄어들어 다음한 일보다는 더 중요한 일을 할 수 있게

p249 시카고대학, 로버트 허친스 박사 총장 → 모티머 J 애들러 교수의 컨설팅 → 고전 100권
∴ 85명 노벨상 수상자

p253 독서시 관점 : ① 새로운 지식과 콘셉트 ② 확실한 아이디어 ③ 가치관 비전 꿈. ④ 성공요인
⑤ 현재 자기 일을 개선하는데 필요한것 ⑥ 성공한 사람의 생의 불가결
⑦ 책에 나타난 사람들의 생활태도. 사고 방식

p255 브라이언 트레이시 매년 50권씩 3년 – 전문가. 5년 – 전국적 전문가 7년 – 세계적 전문
(∴ 350권)

p258 ★ 본깨적 적용 : 개인적용, 조직적용. ⇒ 구체적 실천 ✓

p260 이론과 매뉴얼 지식공유 = 전문가 ★ 나도 전문가가 되고 싶다.

★ 콘셉트 ; 지식의 덩어리 = 원칙과 기준 ⇒ 의사결정 수월.

p264 청킹(심리학) 분리항목 → 큰 묶음. 의미 단위로 묶음. 상호 요소식별. 의미체계 → 구조화

p266 B&B 바인더 + 책 늘 소지 들고 다니기 / 개인 R&D 투자 : 수입의 3~10%

p267 ⑪ R&D 능력. 몸값↑ 전문성. 상품성 ☐ 독서모임 참석 → ☐ 독서모임 만들기

☐ 오디오북 듣기

p269 목적적 책읽기 적용 : 비전. 관심분야 → 배우는 동시 가르치고 또 (반복이 없어서 ✕ → 먼저

⑫ 모방 / 의 짝퉁 모방 + 모방 응용 모방모방 + 모방 = 창조

p274 ☒ 현시점에서 가장 시급한것 현장방문 목표 달성표 제작 실행 ★★★★★ "必成"

⑭ p284 ☒ 아이디어 부자되기! : 세션 ① 가정 ② 개인 ③ 교회 ④ 회사 분리 실행 늘 준비된사람

p285 ★ 준비된자 기회 찾아온다. 긍정의 신호. 끌어당김의 법칙. 아이디어 → 실현.
(신호) (파이널)

2021 년 4월 25일
작성일: 2020 년 1 월 18 일

# 본깨적 NOTE II

Page: 본 것 ★ 깨달은 것 적용 / 진행중 X 완료

| 책 제목 | 성과를 지배하는 바인더의 힘 | 저자 | 강규형 | 출판사 | 스타리치북스 |
|---|---|---|---|---|---|
| 키워드 | 기록관리, 시간관리, 목표관리, 지식관리. | | | | |

P296 인맥관리 달인되기 지라드 250 법칙

★ 회사생활시에는 현장영업을 했는데 사업을 시작한 다음부터는 많이 줄어들어

현재 상황을 보니 거의 안하는 것을 발견. 기존 거래처 관리에만 신경씀

⑭ ☒ 현장영업, 인맥관리, 1일: 2곳, 일주일: 8곳 한달 40곳 (3달 유지)

P300 피드백 (서브바인더 활용): 쌘파워 인맥관리, 계약자, 가망고객..

P306 프로페셔널(스페셜리스트)

① 개인의 재능talent이 발견되고 계발되고 실현되는 곳이 직장과 일터이기 때

② 스페셜리스트는 개인, 회사, 사회, 국가 모두가 필요로 하기 때문이다.

★★ 돈이 목적은 아니였을까? 자신이 부끄럽다. 궁극의 목적? 하나님을 믿는다 하여

자신을 돌아보자, 진짜 프로페셔널이 무엇인지...

★ 10년법칙: 스톡홀름대학교의 앤더스 에릭슨 박사, 공병호박사 「10년 법칙」

P309 → 10년 시간만 보내는 것은 의미 없으며 집중, 지속, 정교한 훈련이 뒷받침

P310 <기술자와 전문가의 차이점> 2020. 1. 18 현재

★

| 기술자 | 전문가 | 현체크 | 1년후 |
|---|---|---|---|
| 소요시간 3년 (98% 내용숙지) | 최소10년 (2%를 위해 7년을 보낸다) | 12년 | 13년 |
| 실무만 안다 (암묵지) | 이론적 배경을 가지고 있다 (형식지) | 60% | 70 |
| 일만 잘하면 된다 | 자기보다 나은 부하를 양성한다 | 30% | 40 |
| 인격이 중요치 않다 | 역할 모델과 존경의 대상이 된다 | 60% | 80 |
| 현재에 만족한다 | 계속 공부하고 끝까지 성장한다 | 60% | 80 |
| 부서 이기주의가 발생한다 | 전사적 관점에서 타협하고 양보한다 | 60% | 80 |
| 자신의 필요를 충족시킨다 | 타인과 사회의 필요를 충족시킨다 | 30% | 60 |
| 자만심이 표출된다 | 자부심이 겸손으로 나타난다 | 60% | 80 |

⑮ ☒ 1년후 다시 체크해볼것 (2021. 1. 18) 2021. 4. 25.

P310 스페셜리스트는 강사를 꿈꾼다

⑯ ☒ ★ 강사라는 말을 들으면 가슴이 뜨거워진다. 그러고 보면 나의 꿈도 강사임에 틀림없

| | |
|---|---|
| p87 | 궁극적 최상의 이득 : 변형성공 - 기존의 모습에서 탈피, 많은 면에서 새로운 면모를 갖추는 변혁<br>당신의 회사를 고객의 변혁을 돕는 조직으로 보게 되면 당신은 무한한 빅아이디어의 샘에 다가서게 된다 |
| □p89 | 구르메 프로그램(창호+인테리어+자금해결) : 각각의 소그룹을 다시 조합<br>단계형성하기 |
| p92 | 프로세스의 창출 (특별한 프로그램) : 클럽의 평판을 올려준다. 지역언론 매체들이 관심을 갖고 당신의 새프로그램이 얼마나 효과적인지에 대한 기사를 게재한다. 당신은 책을 쓰고 비디오를 출시한다. 다른 피트니스 클럽등은 자신의 클럽에서도 당신의 프로세스를 이용할 수 있도록 라이선스를 줄 수 있는지 문의한다. 모두가 그 멋진 프로세스의 성공 방안을 배우고 싶어 한다. 당신의 빅아이디어가 하늘에서 빛나는 별이 되는 것이다. |
| p98 | 대부분의 펭귄은 제공하지 못하는 세 가지 혜택<br>관심, 코칭, 코디네이션(caring, coaching, cootdination)<br>목표 성취 돕는 관심, 단계별 프로세스 코치, 목적에 맞춰 적절히 갖추고 조직화하도록 협조조정하는 코디네이션 |
| □p101 | 그림전체를 보여주기<br>실측→계약→철거→설치→완성→A/S |
| p102 | 고객의 성공이 나의 성공의 원천<br>고객의 니즈에 맞춰 조정하고 재구성<br>빅아이디어 창출하여 고객을 도움(관심을 받고자하는 소수의 고객에게 제공) |
| ☆☆p105 | 코디네이션<br>고객에게 제공할 수 있는 가장 가치가 높은 혜택이다 |
| □ | 미리 고객의 입장에서 LG쇼핑몰 금액 알아보기<br>시장에 많은 선택안이 있다는 것은 알지만 어느 것을 골라야 하는지, 혹은 어떻게 조합하고 조직화해야 가장 효과적인지 대해서는 잘 모른다. |
| ☆☆☆□ p106 | 창호 코디네이터 : BUS식 코디네이션 서비스<br>고객이 얻을 수 있는 최상의 이익을 우선시하는 객관적인 전문가<br>경쟁업체를 공급업체 만들기 : 고객경쟁 필요없음, 고객관계 보유 |
| ☆☆ p111 | 가치피라미드<br>"현재 당신이 수행하는 역할은 운명도 아니고 돌에 새겨진 계명도 아니다. 그것은 당신이 자신을 어떻게 보느냐의 결과일 뿐이다."<br>"우리의 운명은 실로 우리에게 부과되는 것이 아니라 우리가 선택하는 것이다."<br>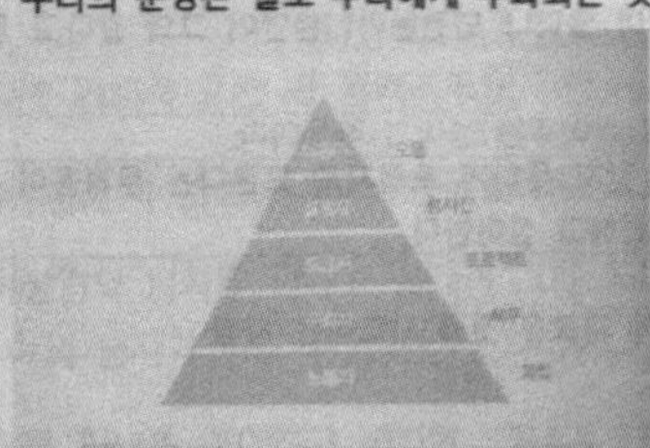 |
| ☆☆☆ p116 | 상징우주항해자=콘셉트 세계<br>이론가는 상징우주에서 콘셉트를 고안하고 패키징하는 일의 달인이다.<br>소수의 펭귄만이 그것을 패키징한다는 것이다. |
| p119 | **3 빅아이디어 패키징** |
| p122 | 마지막 5퍼센트 = 패키징 |
| p123 | 패키징의 진정한 의도 : 진정한 가치와 미를 쉽게 이해할 수 있도록 돕는 것(오해, 무지, 편견 극복을 도울 수 있음. 모든 것 의도에 달려 있음 |
| p125 | 브랜딩과 패키징<br>브랜딩 : 고객이 당신과 당신의 회사에 대해 갖고 있는 생각과 느낌의 조합. 브랜딩은 그런 브랜드에 이름이나 이미지를 부여하는 작업(정적, 고객중심)<br>패키징 : 고객의 머리와 가슴에 브랜드를 각인하기 위해 이용하는 아이디어와 표현, 이미지, 경험 등을 조합하는 작업(동적, 당신중심) |

| | |
|---|---|
| p128 | 브랜드 강력하게 만드는 법<br>1) 모두가 안다 : 유명한 것 + 고객의 머리와 가스에 적절한 생각과 느낌을 일깨워야만 진정으로 강력한 것이다.<br>2) 고객이 긍정적으로 느끼는 것 |
| p131 | 변혁프로세스의 모든 단계<br>단계에 이름 붙이기<br>실측단계→견적단계→계약단계→시공단계→사후관리단계 |
| ☆☆☆ p132 | □ 보여지게 일하는 방법은 어떨까<br>창호파수꾼<br>제품구르메 이름 붙이기<br>예) 베이직, 유니크, 스페셜→창호고객이 쉽게 이해되는 말 찾기 |
| p142 | 테마를 설정해 이용하는 것은 효과, 재미 : 고객과 보다 빠른 거래관계 맺음 |
| □p149 | 나의 테마 찾기<br>깨진유리용접<br>청춘을 찾은 창호<br>마법의 창호<br>창 넘어 미래를 본다.<br>창문에서 손이나온다.<br>  |
| p151 | 브랜드 네임을 붙여야 고객이 온다<br>나도 소개시 네이밍(naming) 꼭 해보자<br>□ 도라이몽, 순간이동, 이동통로, 희망통로, 창을통한 희망순간이동, 미래를 보는 윈도우시스템, 미래연결<br>퓨처건설팅윈도우시스템, 비밀통로창호 |
| p155 | 이름 : 순로건<br>더 프레스토 프레싱 시스템 : 당신의 긴급한 니즈까지 다려드립니다. |
| ★p156 | 내 생활수준에 맞는 창호 선택 프로세스<br>창문은 나의 생활수준<br>창문은 내가 결정한다<br>완벽하게 멋진 이름인지 아닌지에 대해서는 그다지 신경쓰지 않는다.<br>효과를 볼 수 있는 이름 |
| p160<br>★★★ | 바인더 미리 만들어 보여주기<br>고객감동바인더 선물, 책선물(청소력)<br>청소전과 청소 후<br>건설 전과 후의 삶의 변화 |
| p166 | 아이디어콘셉트 많음→간단스토리화 전달방법 |
| p168 | 콘셉트 토네이도 빠져나오는 방법<br>자기생각 스톱, 고객생각 스타트, 최상의 이득 |
| p176 | 우주택시 : 예상치 못한 상황은 새로운 경험 창출<br>수면모드를 깨워라 여행모드로 만들기<br>무슨일벌어질지 모름, 초민감, 예상치 못함, 대부분 유쾌<br>결론 : 고객의 느낌을 깨어있고, 관심이가며 활기가 샘솟는 느낌<br>긍정적인 분위기 창출 |
| p178 | 고객의 기억에 각인<br>어떻게 다르게 말들면 좋겠는가<br>재밌게 만드는 방법 |
| p182 | 이왕이면 다홍치마<br>조건이 같으면 아름다운쪽을 택함 |
| p188 | 개념적 패키징 : 이성적측면영향<br>물리적 패키징 : 감정적측면영향<br>물리적 패키징 자극이 중요 |
| p199 | **4 빅아이디어 셀링** |
| p206 | 마그네틱 마케터가 되어라 |

## 4

# 독서와 운동의 힘

“체육 선생님이세요?”

매일 운동과 독서를 했다. 미래의 건강을 위해서가 아니었다. 단지 일거리가 없었다. 그 시간을 채울 만한 것을 찾아야만 했다. 그리하여 매일 운동을 했고, 편한 옷으로 입고 다니자 만나는 사람들마다 이렇게 물었다.

사실 당시만 해도 알지 못했다. 운동이나 독서는 당장은 중요하지 않을지 몰라도 꾸준히 투자하면 큰 효과가 있다는 사실을 말이다.

당시에는 정말 살기 위해 운동했다. 다른 것은 할 수 있는 것이 없었기 때문이다.

독서도 마찬가지이다. 그냥 읽으면 안 된다. 목적독서라는 말을 들어 보았을 것이다.

흔히 사람들은 독서를 많이 해야 한다고 착각하는데 이는 책을 백 권, 천 권 읽으라는 소리가 아니다. 현재 자신에게 필요한 책을 읽어야 한다는 것이다. 만약 여러분이 소상공인이라면 꼭 읽어야 바로 고객에 관한 책일 것이다. 그 분야의 전문 도서를 최소한 3권 이상은 읽어야 고객들이 보이기 시작할 것이기 때문이다.

독서를 너무 많이 해서 엉덩이에 멍이 들어 너무 아프지만 독서를 멈출 수는 없다.

어떤 사람은 집중해서 독서를 하느라 엉덩이에 피가 나는 줄도 몰랐다고 한다. 나 역시도 멍이 드는 것도 모를 정도로, 아니 그 이후에도 독서를 해야만 했다. 앞서 말했던 대로 일거리가 없었기에 운동과 함께했던 것이 독서였다.

아마 이때 읽은 책들이 아니었다면 나는 일어서지 못했을 것이다.

많은 고객에게 인기가 있었던 현수막 아이디어 등 그 모든 것은 책을 읽고 얻은 아이디어였다.

그러나 독서를 통해 끊임없이 배울 수 있었지만 현실은 하루가 다르게 통장의 잔고가 바닥을 보이고 있었다. 마음이 초조했다. 책과 바인더를 통해 자신감은 얻었지만 경제 상황은 좋지 않았고 더구나 코로나19로 인해 더 악화되고 있었다.

그 와중에도 독서는 멈출 수 없었고 많은 책을 읽게 되면서 내 머리는 말랑말랑해진 느낌이었다. 머릿속은 온통 내가 해야 할 일과 고객의 생각으로 가득 채워졌다.

중요한 것은 시간이 좀 걸리더라도 꾸준히 하는 것이다.

예를 들어 자기 계발, 운동, 독서는 당장은 급하지 않다. 그런데 내 경우 나중에 보니까 그것들이 아주 중요한 일이었다는 것이다. 어느 정도 시간이 지나고 나니까 그때부터 효과가 나타나기 시작한 것이다.

3월부터 독서와 운동에 매진했었다. 심지어 엉덩이가 멍들 정도로 독서를 했다. 운동 또한 언젠가는 분명히 건강을 위해서 운동을 해야 한다고 생각하고는 매일 운동만 했다. 당시에는 계약도 없고 일할 것도 없었으니까 더욱더 독서와 운동을 열심히 한 것 같았다. 그러다 보니까 4월이 지나고 5월, 그리고는 6월, 약 3개월 만에 성과가 나타나기 시작했다.

5

# 작은 가게에서 진심을 배우다

최근 고기리 막국수집을 2번이나 다녀왔다. 김윤정 대표님의 '작은 가게에서 진심을 배우다'라는 책을 읽으며 확인하고 싶었다. 코로나19 위기 속에서도 고객들이 몰리는 고기리 막국수집……. 그곳은 코로나19가 피해간 듯하다.

처음으로 찾았을 때는 1월 18일 월요일, 점심시간이 지난 오후 3시경이었다. 그 시간이면 한가할 것으로 생각했지만 손님들이 줄을 서서 기다리고 있었다. 약 20여 분을 기다린 후 내 차례가 왔다.

처음 방문하는 것이라 좀 낯설었지만 직원분의 안내에 따라 자리에 앉아 주문했다.

두 번째로 방문한 것은 1월 25일 월요일 점심 즈음이었고, 식당 앞주차장은 만원이어서 제4주차장으로 이동할 수밖에 없었다.

사람들이 뜰 안에 가득했다. 연인들로 보이는 손님들이며 가족 단위로 온 손님들, 갓난아이를 데리고 온 손님들까지…….

자연스럽게 번호표를 받고 기다렸다. 예상 대기 시간이 약 40분이었다.

처음 방문했을 때와는 달리 주변이 보이기 시작했다.

'코로나19 상황인데도 어떻게 이곳은 장사가 잘되는 것일까?'

"사람의 마음은 어디에 있을까요?"

김윤정 대표님의 강의 시작 후 첫 질문이었다.

'사람의 마음은 가슴에 있는 것이 아닐까?'

가슴에 손을 대며 답을 기다렸다.

"사람의 마음은 머리에 있습니다."

1월 26일 오후 9시, 김윤정 대표님의 '작은 가게에서 진심을 배우다' 북토크를 듣고 있는데 강의 내용이 머릿속에 쏙쏙 들어왔다.

사람의 마음을 움직이기 위해서는 뇌를 움직여야 한다. 알다시피

뇌는 5가지 감각과 밀접한 관계가 있다. 바로 시각, 청각, 후각, 미각, 촉각이다.

시간을 돌이켜 생각해보니 고기리 막국수집은 5가지 감각을 다 느끼게 매뉴얼화 되어있었다. 의식적으로 모두 느끼지는 못했지만, 무의식중에 뇌는 반응을 하고 있었다.

그동안 마케팅 공부를 하면서 고객과의 관계 속에서 마음을 움직이는 것이 얼마나 중요한지 깨닫고 실천해왔는데, 아직 한참 부족했다는 생각이 든다.

> 어떻게 외진 마을의 작은 가게가 하루 평균 1000만 원의 매출을 올리게 되었을까? 먼 길도, 오랜 기다림도 이곳을 찾는 발길을 막지 못한 이유는, 단지 대표메뉴인 '들기름막국수'가 맛있어서가 아니다. 70번 이상 방문한 단골손님이 생길 정도로 국수 한 그릇에 손님을 위하는 진심을 담아내기 때문이다.
>
> –저자소개 '인터넷 교보문고 제공'

나 역시 진심을 다해서 고객을 대하기로 했다. 고객 카드도 만들고, 항상 고객의 편에서 생각하기로 했다. 이후 당연히 사업은 잘되기 시작했다.

6

# 오직 해야만 한다

"이거 치우세요. 아파트에서 이런 거 하면 안 됩니다."

"아, 아저씨. 제발 잠시만, 아니 10분만 부탁드립니다. 공사 끝나면 바로 치우겠습니다."

꾸준히 독서하면서 '보이게 일한다는 것'이 얼마나 중요한지 깨달았다. 그리하여 가장 먼저 현수막을 만들었다. 그 이후 차에 글귀를 새겨 현수막을 내걸었다.

"고객님, 최고의 시공으로 보답하겠습니다."

"고객님의 꿈과 희망을 연결해드리겠습니다."

LG하우시스
010-5542-9247
고객님
최고의 시공으로 보답하겠습니다
빛의 통로 창(窓)
신화창호 010-5542-9247

LG하우시스
010-5542-9247
고객님의
꿈과 희망을 연결해드리겠습니다
빛의 통로 창(窓)
신화창호 010-5542-9247

빛의 통로 창(窓)
고객님
최고의 시공으로 보답하겠습니다
신화창호 010-5542-9247
LG하우시스
KCC
노후된 창문교체
냉.난방비
최대 40% 절감
010-5542-9247

LG하우시스
KCC
노후된 창문교체
냉.난방비
최대 40% 절감
010-5542-9247
고객님
최고의 시공으로 보답하겠습니다
빛의 통로 창(窓)
신화창호 010-5542-9247

고객님의
꿈과 희망을 연결해드리겠습니다

LG하우시스
KCC
노후된 창문교체
냉.난방비
최대 40% 절감
010-5542-9247
고객님
최고의 시공으로 보답하겠습니다
빛의 통로 창(窓)
신화창호 010-5542-9247

문자를 보낼 때나 또 블로그에 글을 쓸 때도 일부러 현수막이 보이게 했다. 항상 현수막과 함께했다. 아니나 다를까 현수막을 보고 연락 오는 경우가 점점 많아졌다. 하지만 이 역시 갈등이 없었던 것은 아니었다. 특히 직원들이 비웃고 심지어 부끄러워하기도 했다.

하지만 현수막 때문에 오는 문의가 늘어나면서 직원들의 마음도 서서히 풀렸다.

가장 큰 문제는 경비 아저씨였다. 시공하러 갈 때마다 항상 욕을 먹었다. 하지만 살기 위해 아저씨를 설득해야만 했다.

오늘도 나는 자양강장제를 들고 경비실에 먼저 들른다.

"고생하십니다. 저는 오늘 몇 동 몇 호에 새시 공사하는 서관덕이라고 합니다. 차를 여기에 세워야 합니다. 그리고 본의 아니게 차에 현수막이 달려 있는데, 공사할 때까지만 양해를 구합니다. 저희가 얼른 공사하고 가겠습니다."

다행히 미리 양해를 구하니 거의 봐주는 눈치다. 사실은 가끔 나 역시 참 부끄럽다. 나라고 부끄러움이 없을까? 하지만 정말 이것이 아니면 죽는다는 생각으로 임했다.

7

# 온라인 마케팅

현수막을 보고 문의가 오는 경우가 많아졌다. 하지만 무엇인가 부족했다. 이제 예전과는 달랐다. 현장에서만 하는 홍보는 한계가 있었고, 온라인 홍보가 필요하겠다는 생각을 어렴풋이 하게 되었다.

어느 날 바인더를 정리하던 중 아이디어 노트에 '온라인 마케터 박진영'이라는 이름이 적혀있는 것을 보았다. 지난 2월 이재덕 작가의 '어쩌다 도구' 책을 읽으며 기억에 남아 아이디어 노트에 기록해 둔 것이었다. 박진영 대표를 소개한 내용을 보고 꼭 그분을 만나고 싶다고 기록한 내용이었다. 그때는 몰랐지만 '종이 위에 기적'은 시작되고 있었다.

결국 독서 수업 중 3P 연구소에서 10일 만에 박진영 대표를 만나

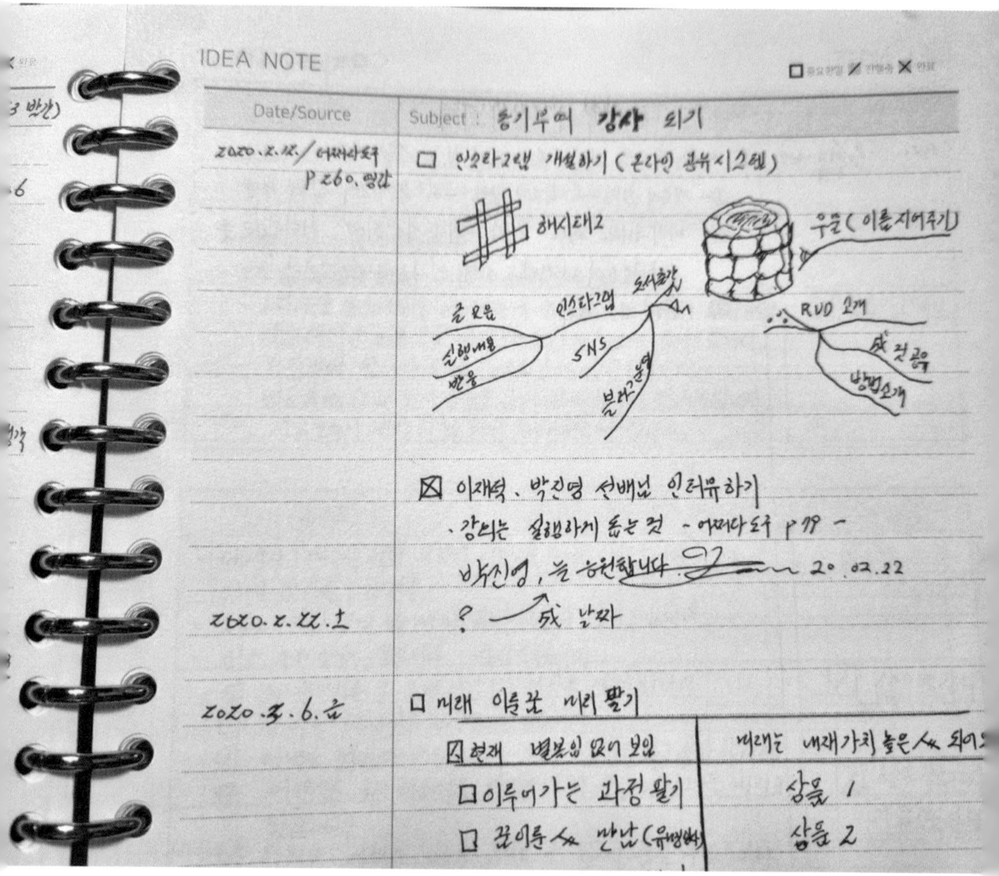


게 되었다. 첫 만남은 10분도 안 되는 짧은 만남이었다. 아무런 기약 없이 명함만 주고받았다.

'온라인 마케팅만 할 수 있다면, 온라인에서 홍보만 잘할 수 있다

면 천군만마를 얻은 듯한 기분일 텐데…….'

다시 박진영 대표를 만나고 싶었다. 나의 간절함에 박진영 대표는 바쁜 스케줄 중에도 만나주었다. 부드럽고 힘 있는 그리고 자신감이 느껴지는 목소리, 박진영 대표님은 온라인 세계에 대하여 이야기해주었다. 나에게는 생소하지만 분명 답이 있다는 생각이 들었다. 아니 이것은 신세계의 통로가 틀림없었다. 당장 배우고 싶었다. 문제는 수강료였다.

"150만 원입니다."

폐업신고를 했다. 통장 잔고는 조만간 다 사라질 것 같았다. 그런데 150만 원이라니. 생활비도 만만치 않았다. 하지만 한번 배워보기로 했다.

금색 봉투에 정성스럽게 150만 원을 담았다. 선뜻 낼 수가 없다. 이제 다음 달 생활비는 없었다. 수익이 나지 않으면 나는, 우리 가족은 굶어야 한다. 1,500만 원 아니 1억을 낸 것만 같았다. 내 전 재산이었으니까 말이다. 결국 수업을 듣게 되었다.

정말 누구보다 간절하게 수업을 들었다. 한 마디 한 마디를 모두 다 옮겨 적었다. 수업 내용을 필사했고 타이핑했다.

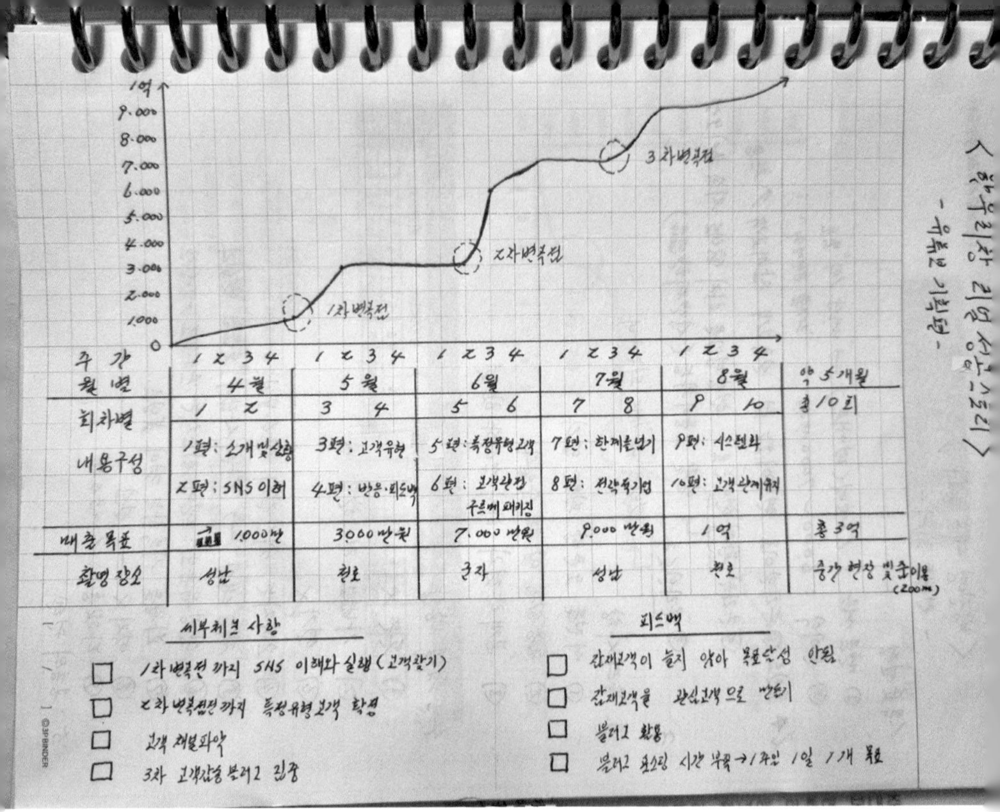

하지만 처음에는 반신반의했다. 과연 온라인 마케팅이 효과가 있을까? 그때만 해도 블로그의 '블'자도 몰랐다. 심지어 블로그를 하면서도 의심이 되었다. 하지만 온라인 마케팅을 하면서 깨닫게 되었다. 사업 시작 후 매출이 없는 가장 큰 이유가 소비자가 나를 찾지 못하기 때문이라는 것을 말이다. 그렇기 때문에 온라인에서 내 회사를 차리는 것은 너무도 당연했다. 다만 이제까지 몰랐던 것뿐이다.

처음에는 무슨 뜻인지 잘 이해가 되지 않았다. 노트북을 통해 자유롭게 인터넷을 유영하는 박진영 대표가 신기할 뿐이었다. 비즈니스모델과 핵심 키워드를 알아야 한다며 설명하는데 무슨 말인지 알 수가 없었다.

어느 날, 매출 목표를 세워 오라고 과제를 주었는데 난감했다. 당시 매출은 제로에 가까워 얼마를 기록할지 막막했다. 그래도 지난 과거를 생각하며 희망 목표를 적었다. 하루하루 살아가는 것도 벅찬 나에게 앞으로 몇 개월간의 목표를 세우라니, 사치 같았다. 하지만 4개월 만에 1억을 돌파하겠다는 목표를 적었다. 아니, 목표라기보다는 희망 사항에 가까웠다. 절대 불가능한…….

4월은 1,000만 원, 5월은 3,000만 원, 6월은 7,000만 원, 7월은 9,000만 원, 8월은 1억……. 종이 위에 기록된 목표를 보며 '가능할까?' 하는 생각도 들었고 한편으로 '이루어졌으면 좋겠다.'라는 생각도 간절했다.

온라인 마케팅 수업이 진행되며 생소했던 단어도 익숙해지기 시작했다. 또한 철저하게 고객의 입장에서 생각하라는 말에 유심히 고객을 관찰하기 시작했다. 그래도 늘 주관적인 입장에서 제품만 설명했던 나에게는 어려운 작업이었다.

고객의 관점에 대하여 열변을 토하는 박진영 대표의 말에 무딘 내 생각도 변하기 시작하였다.

우선 고객관리카드를 만들어 고객들의 반응을 적어보기 시작하었다. 고객 유형, 성별, 주소, 전화번호, 검색어, 플랫폼, 날짜별 만남 및 통화기록과 반응 등을 기록하기 시작하였다. 그리고 한 달 정도 자료가 쌓이다 보니 흐름이 보이기 시작했다.

잘 쓰지 못하는 글이지만 블로그를 포스팅하기 시작했고 곧 아이디어가 생겼다. 첫 전화상담 후 고객들의 마음을 살 수 있는 블로그를 문자에 포함하여 보내기 시작했다. 그러자 신기한 일이 벌어지기 시작했다. 고객들이 관심을 갖기 시작한 것이다. 그리하여 블로그 내용을 여러 개 더 작성하여 고객들의 채널에 맞추어 보내주기 시작하였다. 과연 효과는 100%였다. 계약들이 늘어나기 시작했다.

온라인 마케팅 강의 시작 후 처음 계약된 고객은 명동 창문 1틀 340만 원, 나에게는 매우 의미 있는 고객이었다. 이후 4월 매출은 340만 원, 5월은 1,200만 원, 6월 2,100만 원, 7월 매출은 드디어 1억을 상회해 정확히 112,753,000원이었다.

불가능하게만 보였던 그 목표가 이루어졌다. 위기를 넘기고 약 3개월 만에 매출 1억을 달성, 무려 1,000% 성장을 한 것이다. 그 시작은 바로 목표 설정 그리고 온라인 마케팅 덕분이었다.

한우리창 리얼스토리
위기를 넘어 1,000% 성장
Pizza &
Pasta
Salad
1 박진영대표 만남
2 진행과정
3 성과내기
4 리얼스토리 유튜브
목차

8

# 바인더와 기록의 힘

처음부터 바인더를 사용하지 않았지만 지금은 거의 시스템화 되어있다. 하루하루가 거의 목표를 달성하도록 만들어 놓은 것이다. 좌측 부분에서 우측에 이르기까지 모든 다이어리에 하루의 일정과 목표까지 다 적혀있다. 그런데도 목표를 이룰 때도 있고 못 이룰 때도 있다.

하지만 적어놓은 것과 적어놓지 않았던 것은 천지 차이라고 할 수 있다.

내가 직접 해 본 결과 무엇이든지 한 번에 이루어지기는 쉽지 않다. 우리 소상공인들은 돈이 되는 일에 철저하게 집중해야 한다. 당연히 가족도 중요하지만 잠시 가족은 잊고 사업에 매진해야 한다. 그렇다고 가족을 버리란 뜻이 아니다.

여러분들은 이런 생각을 했을 수도 있을 것 같다.

'과연 내가 글쓴이처럼 될 수 있을까?'

나 역시 작년 3월에 들었던 '과연 내가 목표를 달성할 수 있고 시간 관리를 할 수 있을까?'라는 생각이었지만 작년 7월 매출이 약 1억 2천을 넘어가고, 10월에는 1억 8천이 되었다. 그때 이 바인더 노트는 완전히 붉은색으로 도배되었고 고객들이 놀라며 한마디씩 한다.

"와, 이걸 다 기록하신 거예요? 이렇게 관리해주신다고요? 우리 집도 바로 해주세요."

나는 고객관리카드라는 바인더를 가지고 다닌다. 그리고 넌지시 고객에게 보여주면 그 꼼꼼함에 감격하며 거의 계약이 이루어진다.

그 바인더에는 고객에 대한 모든 것이 기록되어 있다. 통화한 시간, 상담 내용, 고객이 만족했던 내용과 불만족했던 내용까지 모든 것이 담겨 있다.

그리고 고객들은 안심했다. 이렇게 꼼꼼한 사람에게 일을 맡기니 얼마나 마음이 놓일까?

이렇게 바인더가 지금의 나에게 효자지만, 사실 처음부터 그랬던

# 10 OCTOBER 2020

☐ 중요한 일 ／ 진행중 ╳ 완료 ― 취소 → 연기·위임

| Don't Forget | Business Objective | Personal Objective | Study & Book |
|---|---|---|---|
| ☐ 2억 돌파 반드시 한다.<br>책쓰기 끝날때까지 한다.<br>바쁠수록 기본에 충실하라<br>☐ 노후아파트 공략 | ☑ 매출 2억<br>／ 관심고객 → 구매고객 16건<br>／ 잠재고객 → 관심고객 K 8건<br>／ 노후아파트 샷시교체 브리핑자료 | ☑ 이사 저축 1,000만원<br>／ 가족 통장 만들어 주기 4<br>／ 가족 K-time 4<br>／ 가족 성장 | ／ 독서 4권<br>☑ 책쓰기 4꼭지<br>／ 블러그 4개 포스팅<br>／ 타 4일 |

| SUN | MON | TUE | WED | THU | FRI | SAT |
|---|---|---|---|---|---|---|
| | | | | 1 추석·국군의 날·8.15<br>· 광장점 현장점검<br>어머니(장모님 댁) 출소 | 2<br>피부관리 | 3 개천절<br>인생디자인 강의 |
| 4<br>· 중진회의 | 5<br>① 역삼 래미안 실측 상담 10시<br>② 연남동 김희정 회의<br>[redacted]<br>· 초이동 신리 큰처리<br>④ 수원 실측 5시<br>③ 어광의 미팅 연결 2시 | 6<br>송추면 양리 시공<br>역삼동 실측<br>연남동 [illegible] 이숙서 | 7<br>· 최[illegible] 고객 실측 완료<br>· 천태정 [illegible] 상담 →<br>· 박효진 성수동 실측<br>· 법 변론 | 8 한로<br>· 화곡동 실측 11시<br>→ 동백 상담 → 분례원<br>· 장안동 실측 | 9 한글날<br>연남동 시공 예정<br>· 시공율 80%. 80%로 | 10<br>· 철판 실측<br>· 정부장님 스크라이어<br>책쓰기 수업<br>인디 TV 청강 |
| 11<br>· 중진회의<br>· 양양 동해여행 | 12<br>· 역삼 래미안 시공<br>· 장혜란 고객(김밥) 재약속 예정<br>· 안산 현대 실측 6시 | 13<br>은마 박정재 시공<br>방학동 시공<br>· 정왕동 상담<br>· 안산 [illegible] 견적<br>결혼기념일 | 14<br>창우동 신안 시공<br>[redacted] 견적상담<br>· 천호 [illegible] 견적상담 | 15<br>· 방학동 상원 시공<br>· 분당 아파트 실측 상담<br>· 천호 대한 [illegible] 실측<br>〃 김화교회 실측 | 16<br>· 역삼동 추가 시공 14시<br>· 독산동 [illegible] 15층 견적<br>· 광주 초월 Ⓐ 실측<br>· 분당 견적 제출<br>· 화곡 다가구 주택 실측 | 17 9.1<br>· 창우동 [illegible]<br>· 마영동 실측<br>· 철원 김화 도면<br>책쓰기 수업<br>· 박정영 강의<br>브라이언 결혼 모임 연기 |
| 18<br>중진회의 | 19<br>· 박성빈 고객 미팅 (정왕동) 실측<br>[redacted] | 20<br>· 김화교회 실측<br>교육 (성·부 예방) | 21<br>한남동 유[illegible]<br>수원 [illegible] 실측 →<br>정왕동 실측 박성빈 | 22<br>○ | 23 상강 (0) | 24<br>책쓰기 수업 |
| 25<br>Test | 26<br>정왕동 박성빈 상 "실측 조명의" 고객 (계약건) | 27<br>· 대한수도원 시공<br>· 천호 [illegible] 실측<br>· 어머니 소극회 도착 →<br>· 재고 미팅 (손익 6월) | 28<br>· 하남 신안 시공<br>· 오디오 면적<br>단지 [illegible] LED 차량<br>→ 도착 | 29<br>· 도곡동 [illegible] 실측<br>· 상봉 실측 (역삼·아파트)<br>· 도곡 렉스 유리하자 실측<br>· 오디오 면적 | 30<br>김화교회 시공<br>천호 대한 [illegible] 시공<br>철원 오리 도면 계약<br>· 글쓰기 강의<br>· 4/코리 모임 →<br>창우동 [illegible]<br>글쓰기 강의 피로 | 31 9.15<br>피부 |

□ 중요한 일 / 진행중 ╳ 완료 ← 취소 → 연기·위임

| Don't Forget | Business Objective | Personal Objective | Study & Book |
|---|---|---|---|
| □ 2억 돌파 배뉴얼 구축 | ☒ 2억 매출 (2000 순이익) | ☒ 이사 저축 1,000만원 | ☒ 독서 4권 |
| □ 위기는 기회 | / 주택 고객 16건 | / 8~12 K-time 확보 | / 책쓰기 4꼭지 |
| | / 관심 고객 48건 | / 8회 | / 블로그 4개 |
| | / 배뉴얼 (단체 교회 홍보 LED 차량) | | / 8회 |

| SUN | MON | TUE | WED | THU | FRI | SAT |
|---|---|---|---|---|---|---|
| 1 500만원 순이익 | 2 하남신안 [redacted] 설<br>· 김현동 아사빈 신축 사이<br>· 천원 오피리 발주<br>· 수원 지원 단속 | 3 담십리 동아 시공<br>· 도곡 대순 유리 AS<br>· 광장 청구 신축<br>[redacted] 시공<br>수원 천천동 AS 접수 | 4 박선빈 창원점 추가 시공<br>· 동아 하자 시공<br>· 천원 3시 50분<br>· 서울신 | 5 반재덕 고객 신축<br>· 박성빈 톤 시공<br>· 오피리 유리 발주 | 6 아버지 상봉 신축 (제사)<br>· 영통도 견적<br>· 반재덕 계약<br>· 보험 (아내)<br>성복 식사 (등록 확인) | 7 입동<br>· 천원 AS (유리)<br>· 지정리 톤<br>책쓰기 수업 |
| 8 500만원 순이익<br>· ZOOM 교육 (성복) | 9 · 반재덕 시공 7장 전체<br>수원 감사 (자원) STOP | 10 천원 오피리 준비 시공<br>· 천원 반자루 톤 (정찰원)<br>· 뫼우리 차량 AS<br>· 지정리 톤 방충망 | 11 → 유리 시공. | 12 천원 오피리 톤 시공 실리콘<br>수원 지원 | 13 광장 청구 철거<br>장인 어른 생신<br>수원 지원 | 14 김화 교회 바닥 (성가대) |
| 15 10.1 500 순이익 | 16 · 광장동 시공 (일요일)<br>시원 시작<br>수원 지원 | 17<br>수원 지원 | 18 · 역삼 상봉 시공 (정찰원)<br>· 삼성 성남 AS<br>수원 지원 | 19<br>수원 지원 | 20 분당 장혜란 고객 시공 발주<br>수원 지원 | 21 천원 현관 커튼 설치<br>책쓰기 수업<br>두물머리 K-time |
| 22 소설 500 순이익<br>공인회의 | 23 · 은마 신축<br>· 은진빌 신축 바자 재인<br>· 영통도 견적<br>주나 견적<br>· 박정혜 고객 VAT 아메리 발송 | 24 · 천원 김화교회 신축<br>· 광장 청구 AS<br>· 오피리 오방이<br>· 회사 장인 선생<br>공·회의 | 25 · 김화 톤 서류<br>· 주나 견적 제출<br>· 아내가 바지 사줌 | 26<br>← 서재은 방송고 원서 접수 → | 27 · 분당 장혜란 시공 | 28 관송리 라 ~ 각 사진 단지 신축 (오전중)<br>글쓰기 수업. |
| 29 10.15<br>외관 공인회의 | 30 견관 천원 은신 유리 확인 (오빠이 보증)<br>천원 반사루 톤 발주<br>돈각 신동아 신축<br>방송 연예과 실기 포평가 - 서재은 10:30 | 천원 김화교회 유리 | | | | |

● 주업무일정 ▲ 조직일정 ■ 개인일정

초후아되고 생각 단계로 프로젝트 기록

10 Month ☒ Review Monthly

□ 중요한 일 ／ 진행중 ╳ 완료 ← 취소 → 연기·위임

**Don't Forget**

2억출퇴 방법은 찾아라
기본에 충실하라
생각의 정리. 공평. 지리지 말라

**Business Objective**

☐ 2500 매출
╳ 관심고객 → 구매고객 2
╳ 잠재고객 → 관심고객 4

**Personal Objective**

☐ 이사계획 447.000/1250.000
／ 가족K-time 2
건강 2

**Weekly Meeting**

<회사>

☒ 독산동 A동 A/S
☒ 〃 B동 견적
☒ 초이동 선리모
☒ 천사장님 준공서류
☒ 화성 봉구영 A/S
☒ 회사 블러그 포스팅
☒ 박성연인증제확인

<개인>

☒ 글쓰기
☒ 블러그 포스팅

<교회>

☒ 교육준비
☒ 여왕일
☒ 수련지원

**Check / Habit**

| M | T | W | T | F | S | S |
|---|---|---|---|---|---|---|
| 커피명상 | | | | | | |
| X | X | X | X | X | X | X |
| 독서 | | | | | | |
| X | X | / | / | / | / | X |
| 운동(건강) | | | | | | |
| 、 | 、 | 、 | 、 | 、 | | |
| 가족 | | | | | | |
| X | X | X | X | X | X | |
| 、 | 、 | 、 | 、 | | | |
| 글쓰기 | | | | | | |
| X | X | 、 | 、 | X | X | |

**12 MON**

Event

To-do

╳ 116-8 역(안산시청역) 5시오후
☒ 역삼 래미안 시공
╳ 안산 협대실측 견적정리
╳ 연남 대명 견적

5 양양 → 출 ~~03시02:22~~
自 → 04:21도착
6 Habit
웹 ㅁ
7 (운동)
8 역삼 래미안시공
· 사다리차 배치준비
· 현관·T/수 장판 나말떼
· 박정주차장 비닐 확인
· 새로 반주
- 사진촬영. 변하정리
12 웹
재료 박 AC 시공함
1 커피명상
독서
2 시라진 체험
4 마지막 점검 (역삼래미안)
(운동)
5 안산 협대 [illegible]
실측
7 아내님 미팅 (김밥 뇌)
쓰시킨 웹 아내
8 우
인정정리
9 日
AC
Thanks
10 서재는 은화
11 서재와 대화가 안됨
12 서재은 놓치 키가

plan do "화가 난" 둘째 키우는것은 힘듦. 잰으로 납수

**13 TUE**

☒ 독산동 A동 계약서 작성
╳ 천사장님 준공서류 보내드림
╳ 독산동 견적확인
☒ 박성연 시흥 시공일정확인
╳ 박재영 안산동 견적
☒ 2개지 분마시공
☒ 방학동 시공
╳ 장혜란고객 확인(박희숙)

6 우
7 (운동)
8 2개지 분마시공
홍보용. 배너. 현수막
、사진촬영
인터뷰 영상 블러그 삽입
(방학동 A동)
11 커피명상 2W
12 웹 재료납품
1 自
2 독서 생각의 비밀
아이디어
3 고객과 대화 (블러그 인터뷰)
'원하는대로 시공이 된 만족
、친절한 상담、안사 물관 생
마무리 인터뷰 (콘마)
(운동)
6 웹 아내와 보쌈집
결혼기념일인데 초라함
2개 양말 갖다준 건으로 만족
8 日 AC
、피곤하여 2시경 잠이 들었음
、오늘도 서재은과는 냉전
용돈 안준것 다시 다짐
채은이는 안방에만 있다
오늘은 밖이 나가지 않음

**14 WED**

☒ 하남 창우 신안Ⓐ 시공
╳ 천손박고객 견적 의뢰받음
╳ 하남 주산 [illegible] 상담

5 우 ㅁ
6 日
(운동)
7 하남 창우 신안Ⓐ 시공
· 하자 발견 、3W → 2W
2W → 3W
· 거실과 안방 반죽바꿈
수정 조치
- 작은방 장볼 반입X ㄴㄱ
- 주방 뭉쳐 처리 → 돌바 벽
11 웹 오피터 정화기/이번달 지출
시공팀과 식사 / 、김작은 5개로 됨
12 904호 분의
천손박고객 출시
2 시공처리
시공현장 사진 찍기 (영상기록)
현수막과 배너 설치
다운로드2에 영상 제작
- 온바 블러그 포스팅、
6 (운동)
7 웹 회식
시공팀과 장어구이
8 교회의 에이비 관련
다시 전각하다.
9 日
아내는 친구와 미팅
10 印
11 日 아직도 서재은과는
냉전. ②
"채은이가 잘 성장 되길 바라며"

Professional·Performance·Process

2020 Year

3P BINDER Weekly Light

**Business Objective**

- ☒ 2500 매출
- / 관심고객 → 구매고객 2
- / 잠재고객 → 관심고객 4

**Personal Objective**

- ☐ 이사회축 417000/1250000
- 가족 K-time
- 건강 2

**Study & Book**

- ☐ 독서 (생각의 비밀)
- 고수와의 교과 프로젝트 기획
- 블러그 2개 포스팅

## 15 THU

Event

To-do

- ☒ 분당야탑 신축상담 3시 (장혜순 양지 번대 832-1601)
- X 하남 [redacted] 9/10 2 미팅
- ☒ 천현 와석리 신축 9시
- X 천우 백고객 견적
- X 하남 신안 [redacted] 견적
- ☒ 대학수도원 신축
- X 오일교환

Habit

- 5–6 우유
- 7 천호 구청원 / 오늘 선택은 내가하라 '행복' / 걱정 X → 긍정
- 8 커피명상 독서 신기 / 천현에서 아침을 보고 받음
- 9 대학수도원 신축 분흥동
- 10 와석리 김화교회 신축상담 / 천장선 신안
- 11–12 대학수도원
- 12–1 점심 청국장집(천현) 두부전골 9000. 밥 쇠은
- 2 분당야탑
- 3 분당 장미 현대신축 / 재미팅 11월20 → 27시
- 4–5 오일교환 13000Km
- 5–6 우
- 6 견적정리 ① 대학수도원 ② 김화교회 ③ 하남다가구 ④ 신안 [redacted] ⑤ 천우백회 ⑥ 야탑장미현대
- 8 저녁식당 두부김치 AC 서진이가 동행 해줌
- 10 MC1B 공.

Thanks

- 운행 손 감사 서진 운전 / 서해문 너무 아내 마음 감사 / 따로보면, 참이 바뀐듯. 그래도 / 아는척 안함. 잘 살려보기 1/5
- 냉장고③

## 16 FRI

To-do

- ☒ 독산동 B동 신축 시도
- ☒ 독산동 직원 손잡이 A/S
- ☒ 역삼 래미안 누가시봉 144
- ☒ 분당 장미현대 견적 제출
- ☒ 하남 신안 [redacted]
- X 천우백 회원 견적 제출
- / 대학 수도원 반주 협의
- / 천현 와석리 김화교회 견적
- X 화곡 다가구 견적 제출

Habit

- 5 박서진 고객 답장 재확인 / 봉구마을 우리집 대표 주변
- 6 밥 따끈밥 조기 정리 / 커피명상 / 아내 K-time
- 7–8 (독서)
- 10 김학수 원장 약속 (하남 LH)
- 10–11 독산동 장미④ (건축손잡이) 손잡이 확인
- 11 천현 도로 → 대학 수도원 → 역삼래미안
- 12 점심 서현과 식사, 천우 김밥 + 치즈 비빔밥
- 1 역삼래미안 커피숍 정리 / 설지정리
- 2 역삼동시공. 서진이가 동행하며 현장사진 찍음
- 3
- 4 독산동 A/S 손잡이가 문제
- 5
- 7 광주 초이동 신축
- 8
- 9 저녁 삼겹살 AC 서해문과 외식. 총 35000
- 10–11 수면

## 17 SAT

To-do

- X 광주동 신안 [redacted] 현장 안전교육 사무
- X 변산 고객 현대 견적 요청
- X 천현 김화교회 도면 정리
- X 방진영 대표 특강 참석
- X 브라이언 결혼식 (한양교회)
- ☒ 책쓰기 수업
- ← 피곤

Habit

- 6 우유
- 7 커피명상, 블러그 / 책쓰기 수업
- 8 천현 김화교회 도면 정리 / 현장장소: 광주 가서 확인
- 9 광주동 신안 현대 견적 A/S
- 10 택시 / 변산 고객 현대 [redacted]
- 11 견적 [redacted] / 점심 편의점 / 김밥 / 커피 / 독서 커피
- 12 생각의 비밀
- 1 (독서)
- 2 생각의 비밀
- 3 손쓰기 시도 / 쉽지는 않다. 그래도 잘 될 거다. 피곤하지만 ...
- 4 우 작가 약속 아내 전화 / 외식 대신 각각 출발 / 체험, RVD 5:45
- 6 브라이언 결혼식 / 외부, 주례사 없이 진행 / 외국인 친구 / 축가 브라이언 신부 춤 진행
- 9 박진영 대표 특강 / 방진영 대표 와리즈 컨트롤
- 10 MC
- 11 수면

## 18 SUN

To-do

- 한승훈 고객 폰 처리 오류
- 중진회의

Habit

- 8 우유
- 9–10 중진회의
- 12 식사준비 / 점심
- 1 식사 점심 저녁 간장게장 / 선배와의 연락 파견
- 2 (독서) / 커피명상
- 3 (수면)
- 4 생각의 비밀
- 6 점심 장어구이 (장구전) / 아내, 서진 나 / 조카도 함께 선물은
- 7 ACM
- 8 생각 연남
- 10 TV
- 11 수면

plan · do

것은 아니다.

처음에 바인더를 쓰기만 하면 매출이 생길 줄 알았다. 하지만 매출은 제자리이고, 오히려 시간만 들었다. 이것이 맞는 건지 의구심이 들 때가 한두 번이 아니었다. 하지만 꾸준히 기록했다.

4월부터 6월까지 3개월에 대한 바인더보다 7월 한 달의 바인더가 더 두껍다. 그만큼 문의가 많이 들어왔다는 것과 계약이 많이 됐다는 증거다.

계약이 많아지다 보니까 찾지 못할 정도였다. 그래서 앞쪽에다 날짜별 인덱스를 만들어 놓았다. 그리고 계약된 부분들은 빨간 표시를 해 놓았다. 수금 내역, 상담 내역, 완료 표시까지 했다. 그다음에 견적이 진행되고 있는지 여부까지. 혹시나 계약됐으면 X표를 했다.

이렇게 진행 과정을 쭉 나타냈다. 시공이며 그다음 수금까지도 중요하다.

소상공인들은 10건 중에 단 한 군데라도 수금이 안 된다면 정말 위태롭다. 창문업계도 더욱더 그렇다. 창문은 적게는 500만 원부터 천만 원 정도 단위고, 더 큰 것은 약 7천만 원짜리도 있다. 그런데 만약에 그 한 건의 수금이 안 되었다면 자칫 폐업으로 이어질 수도 있다.

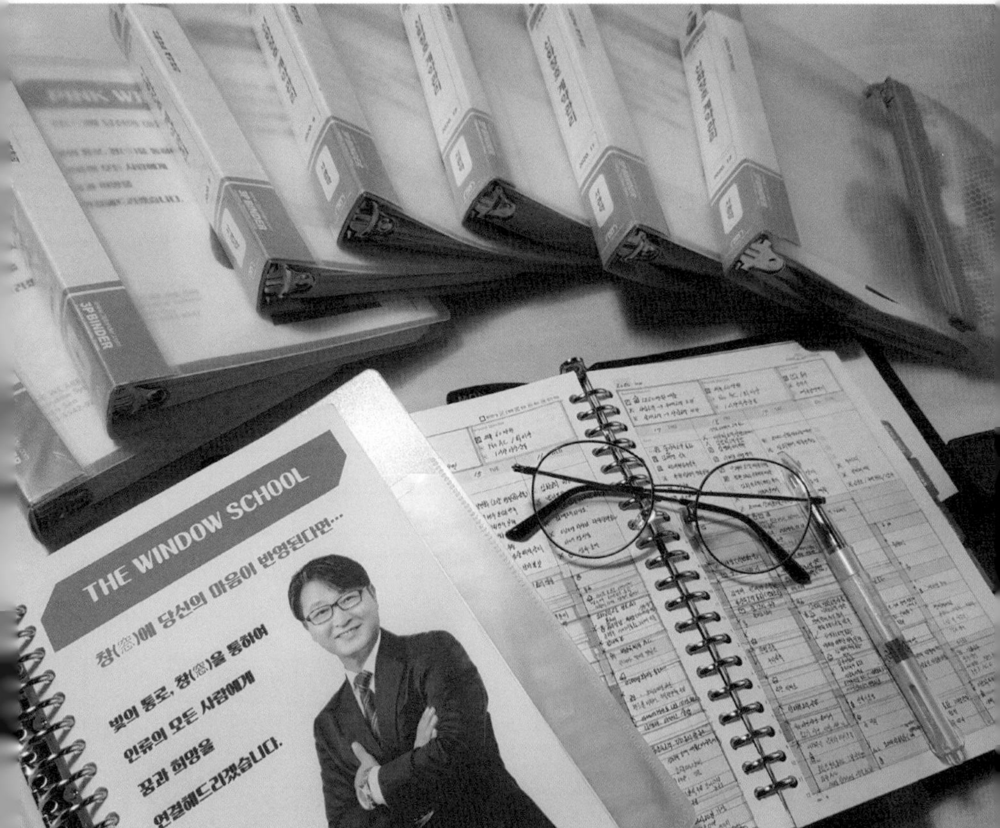
THE WINDOW SCHOOL
창(窓)에 당신의 마음이 반영된다면…
빛의 통로, 창(窓)을 통하여
인류의 모든 사람에게
꿈과 희망을
연결해드리겠습니다.
3P BINDER

# 날짜별 인덱스

| NO | 상담일 | 고객명 | 현장명 | 상황체크 | | | | | 기타 |
|---|---|---|---|---|---|---|---|---|---|
| | | | | 상담 | 견적 | 계약 | 시공 | 수금 | |
| 1 | 20.4.6 | 공윤석 | 서울명동 | X | X | X | X | X | |
| 2 | 20.4.13 | 서진 | 서울 강남 압구정 | X | X | ← | | | |
| 3 | 20.4.20 | 김지혜 | 서울 송파 잠실 | X | X | ← | | | |
| 4 | 20.4.20 | 봉담 | 화성 봉담 부동산업체 연락 | X | X | | | | |
| 5 | 20.4.21 | 부천 | 부천빌라 | X | X | ← | | | |
| 6 | 20.4.23 | 김순숙 | 목동 현대아이파크 | X | X | X | X | X | |
| 7 | 20.5.6 | 최지은 | 가양동 주공6단지 | X | X | X | X | X | |
| 8 | 20.5.8 | 원광일 | 충주 단독신축 | X | X | ← | | | |
| 9 | 20.5.8 | 한성길 | 안양A 14층 금액↓ 리모델링 포기 | X | X | | | | 300 |
| 10 | 20.5.11 | 박동규 | 서울성동구 사근동 서울시조합 | X | X | | | | 700 |
| 11 | 20.5.14 | 박윤성 | 서울 이촌동 한가람A | X | X | ← | | | |
| 12 | 20.5.15 | 이기남 | 광명 하안주공A | X | X | | | | 800 |
| 13 | 20.5.18 | 김이현 | 명일로 293 삼익파크A | X | X | | | | 300 8월 진행 |
| 14 | 20.5.18 | 김은미 | 가평 대곡리 [redacted] 다른 KCC | X | X | | | | 400 |
| 15 | 20.5.18 | 대한신한옥 | 이순의 주인 (남윤전) | X | X | | | | 1000 |
| 16 | 20.5.19 | 허영일 | 성북구 정릉 2동 타KCC 관심 | X | X | | | | 600 |
| 17 | 20.5.20 | 송동일 | 고양시 덕양구 신원당 | X | X | ← | | | |
| 18 | 20.5.21 | 전국화 | 파주 통화연결 | X | X | | | | 900~ |
| 19 | 20.5.22 | 박수나 | 일산 후곡 추후예정 | X | X | | | | 400 |
| 20 | 20.5.22 | 신지선 | 구의 현대A | X | 보류 X | | | | 900 |
| 21 | 20.5.22 | 염윤성 | 이촌동 한가람A | X | X | | | | 600 |
| 22 | 20.5.22 | 천영배 | 화성 남양읍 무송리 | X | X | ← | | | X |
| 23 | 20.5.22 | 엄지은 | 마포대로 [redacted] 공덕삼성 | X | / | | | | 600 |
| 24 | 20.5.25 | 이시연 | 개봉로 | X | / | | | | 1100 |
| 25 | 20.5.25 | 조광원 | 개포우성 | X | / | | | | 300 |
| 26 | 20.5.27 | 정의민 | 용산구 녹사평대로 [redacted] | X | / | | | | 350 |
| 27 | 20.5.27 | 윤성호 | 인천서 계양구 | X | X | | | | 600 |
| 28 | 20.5.28 | 고경은/김정록 | [redacted] | X | X | 5/29 X | / | | 800 |
| 29 | 20.5.31 | 최태양/대표 아베크 | [redacted] 7월초 이관 | X | X | / | | | 7.7 |
| 30 | 20.6.2 | 이용진과림/ 공감 | [redacted] | X | / | | | | 광복 |

# 날짜별 인덱스

| NO | 상담일 | 고객명 | 현장명 | 상황체크 | | | | | 기타 |
|---|---|---|---|---|---|---|---|---|---|
| | | | | 상담 | 견적 | 계약 | 시공 | 수금 | |
| 1 | 20.6.3 | 공감 성안수 실장(공감) | | X | / | | | | |
| 2 | 20.6.3 | 유병옥 고객 | 안양 박달 우성Ⓐ | X | / | | | | 내매변리 신축 역사주 관련 |
| 3 | 20.6.2 | 공감 / 이용신 과장 | 주서 16층. | X | / | | | | |
| 4 | 20.6.5 | 김선빈 | 새로운 논현동 | | | | | | |
| 5 | 20.6.5 | 이찬상 남양주 | 남양주 | X | / | | | | |
| 6 | 20.6.6 | 목동 고객 | 목동 삼성 래미안 | X | X | X | X | X | 6.15시공 |
| 7 | 20.6.10 | 신주원 | 봉천로 180 [redacted] | X | X | X | / | | 6.17시공 |
| 8 | 20.6.11 | 정한나 | 강서구 우장산 로열Ⓐ X | X | X | | | | 혼오됨 |
| 9 | 20.6.12 | 안양 고객 | | / | | | | | |
| 10 | 20.6.13 | 노관진 고객 | | / | | | | | |
| 11 | 20.6.13 | 논현역 | | X | X | | | | 150 |
| 12 | 20.6.15 | 김희아 | 강남 논현동 | X | X | | | | 200만원 |
| 13 | 20.6.15 | 이윤기 | 대치 아파트 | X | X | | | | 300 |
| 14 | 20.6.16 | 남형기 | 삼성동 진흥Ⓐ | X | X | | | | 계약 예정 1500 |
| 15 | 20.6.17 | 이상협 | [redacted] | X | / | | | | 800 7월공사예정 |
| 16 | 20.6.18 | | [redacted] | X | X | | | | 150 |
| 17 | 20.6.17 | 천성준 사장 | 수원 권선구 16층 | X | / | | 8월로 이관 | | 370~520 |
| 18 | 20.6.19 | 장일환 | 우천 보람마을Ⓐ 23평형 | X | / | | | | 철거 300~ 8800 |
| 19 | 20.6.19 | 이윤경 | 경기도 화성시 남양읍 신축 | X | | | | | 7월로 이관 |
| 20 | 20.6.19 | 이연경 | 용인시 기흥구 신갈동 | X | / | | | | 490. 취소 |
| 21 | 20.6.20 | 박창일 | 여의도 은하Ⓐ 9층 | X | / | | | | 1000 작년 3월 예정 |
| 22 | 20.6.19 | 최지은 | [redacted] | X | X | X | 7월로 이관 | | 950~1120 세입자기간 |
| 23 | 20.6.22 | | 문정휘 엘리 41평 | X | / | | | | 429. |
| 24 | 20.6.23 | 조상익 | [redacted] | X | / | | | | 246. |
| 25 | 20.6.23 | 천경용 | 수원 한일타운 | X | / | | | | 396 |
| 26 | 20.6.24 | 고광성 | 강남 역삼동 동부센트레빌 | X | / | | | | 770 |
| 27 | 20.6.26 | 천방은 | 자양동 | X | X | | [illegible] | | 블러썸 카페 |
| 28 | 20.6.26 | 이동연 | 양재 | X | X | | | | |
| 29 | 20.6.30 | 신길동 | | X | X | | | | |
| 30 | | | | | | | | | |

주업무
발주내역
2020년 발주내역서
2020
서관덕
주업무
직무
회사직무서(만들기)
2020
서관덕
주업무
업무
발주내역서
2020
서관덕
주업무
고객관리
신화창호 계약관리
2020.4.~6.
서관덕
주업무
고객관리
신화창호 계약관리
2020. 7
서관덕
주업무
고객관리
신화창호 계약관리
2020. 8
서관덕
주업무
고객관리
신화창호 계약관리
2020. 9
서관덕
주업무
고객관리
신화창호 계약관리
2020. 10
서관덕
주업무
고객관리
신화창호 계약관리
2020. 11
서관덕
주업무
고객관리
신화창호 계약관리
2020. 12
서관덕
주업무
고객관리
신화창호 계약관리
2021. 1
서관덕

이제 주문량이 많은 것을 대비해서 우리는 시간 관리하는 방법에 익숙해져야 한다. 내 경우 만약 작년 10월에 바인더가 없었으면 주저앉고 말았을 것이다. 관리가 전혀 안 되었기 때문이다.

소상공인들이 힘들 때는 주문량이 많을 때다. 적을 때는 실수가 없지만 일이 많았으면 실수를 하기 마련이다. 그러면 버는 돈보다 나가는 돈이 더 많아진다. 그때를 대비해서 스케줄 관리하는 방법을 배우고 더 나아가 바인더로 꼼꼼히 기록해야 한다.

9

# 현장에 답이 있다

소상공인들이 성공하기 위해서는 우선 고객을 파악해야 한다.

첫 번째는 고객의 불만을 캐치하라는 것이다. 이는 정말 중요하다.

똑같은 영업을 해서는 대기업에 밀려날 수밖에 없다. 대기업들은 엄청난 광고를 하고 있는데, 똑같이 한다면 소상공인들은 돈도 없을 뿐만 아니라, 따라잡을 수도 없다.

따라서 내 고객층이 누구인지를 파악하고 불만이 있는 구매고객층의 불만을 캐치하기 위해 노력해야 한다.

두 번째 단계는 그 불만의 이유를 파악하라는 것이다.

그리고 3단계는 그 불만을 어떻게 해소하고 싶어하는지 파악하는 것이다.

4단계는 그런 불만을 가진 고객층이 있는지도 조사하라는 것이다.

새시가 들어가는 건물에는 여러 종류가 있다.

나도 처음에는 전원주택이나 신축 건물만 찾아다녔다. 그 당시에는 건물이 올라가지를 않았다. 아무리 찾아봤자 아무 득이 없었던 것이다. 그래서 유심히 살펴보니 보수 현장들이 있었다. 새로 고치는 아파트가 있는 것이었다. 그래서 생각하기를 분명히 불만을 가진 집단이 있을 테니 한번 찾아보자고 마음먹고 그 고객들을 살펴보았더니, 답은 셀프 인테리어였다. 바로 나 혼자 집을 고치겠다는 사람들이 있었다. 최소한 우리나라에 15만 명에서 20만 명 정도 있다고 보면 될 것이다.

그런 고객층 중 한 명이라도 감동시켜 보자는 마음으로 최선을 다했다. 그랬더니 그 고객이 내 이름을 홍보해주는 것이었다. 신화창호 서관덕 부장은 정말 창문을 잘해준다며 그 과정들을 하나하나씩 올려놨는데, 다른 사람에게서도 연락이 오기 시작했다.

그리고 고객층이 모여 있는 곳이 어디인가 알아보았더니 바로 블로그였다.

나는 고객들이 모여 있는 곳에서 작업을 하기 시작했다. 그중에 제일 많이 찾아냈던 곳은 네이버 쪽이었다. 고객들이 검색하는 단어를 알아낸 것이다. 네이버에서 어떤 단어를 검색하고 들어가느냐가

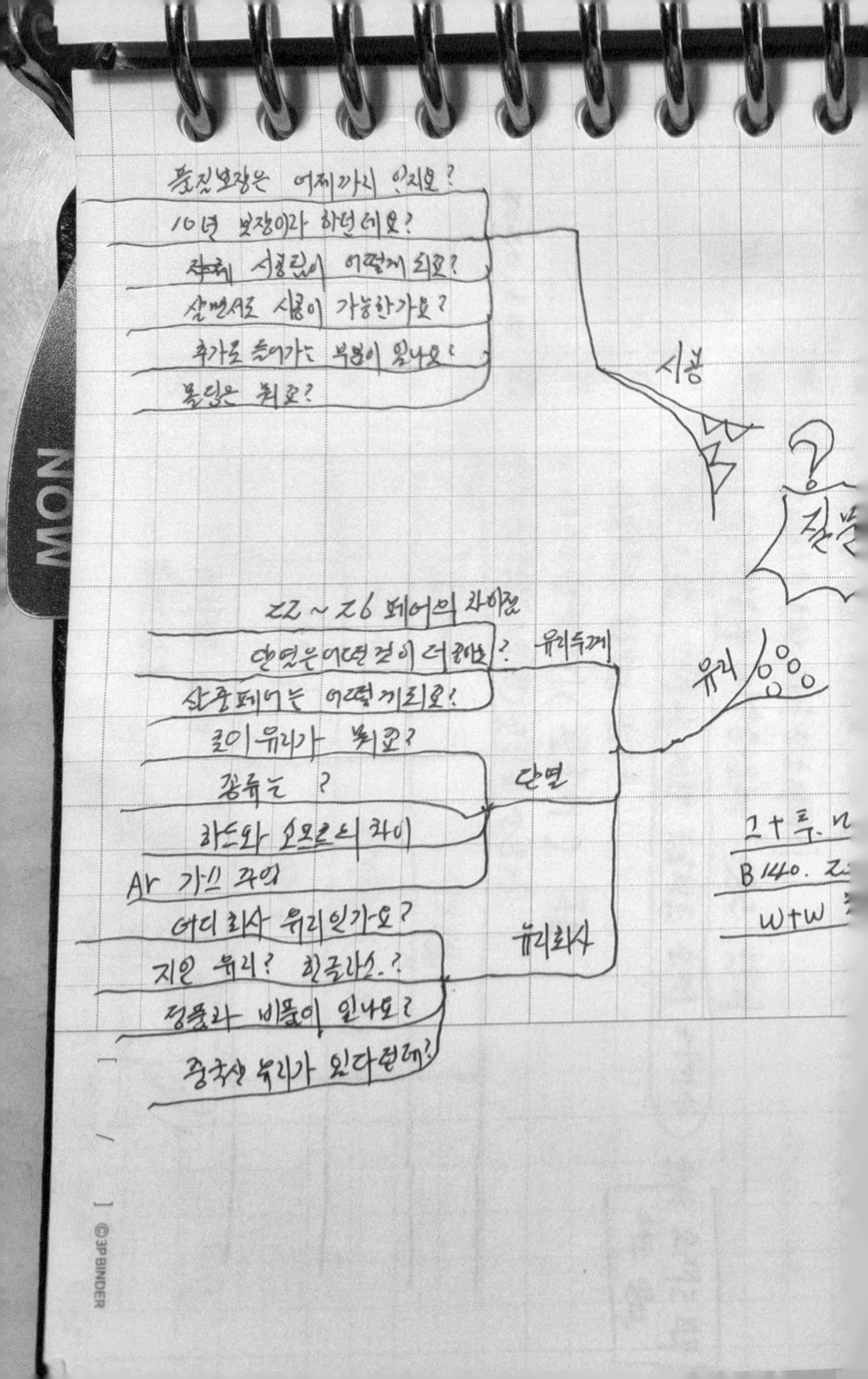

품질보장은 어제까지 인지요?
10년 보장이라 하던데요?
시공법이 어떻게 되요?
살면서도 시공이 가능한가요?
추가로 들어가는 부분이 있나요?
몰딩은 뭐죠?
시공
22~26 페어의 차이점
단열은 어떤 것이 더 좋나요?
삼중페어는 어떤 거죠?
로이 유리가 뭐죠?
종류는 ?
하드와 소프트의 차이
Ar 가스 주입
유리두께
단열
어디 회사 유리인가요?
지온 유리? 한글라스..?
정품과 비품이 있나요?
중국산 유리가 있다던데?
유리회사
유리
W+W
NOW
©3PBINDER

- 가재응
  - 확인
    - 근처에 사무실이 있나요?
    - 견적을 어떻게 받을 수 있죠?
    - . 제품은 볼 수 있나요
    - KCC 업체 인가요?
    - LG 〃 ?
  - Brand 선정
    - LG는 비싸지 않나요?
    - KCC와 LG 견적 가능한가요?
    - 34평의 창호는 얼마예요?
- 문
  - LG
    - • 베스트와 슈퍼세이브의 차이점이 궁금합니다
    - 10년 보상이 되나요?
    - 직영점과 대리점의 차이는?
    - 베스트 3. 5. 7
      - 230
      - 230i
    - 슈퍼세이브 3 5 7
    - 파워세이브 ?
  - KCC
    - LG와 동급인 제품은 뭐가 있죠?
    - 242. 140, 230
    - LG와 차이점이 뭐예요?

Date : 2020 6. 27.

중요하다.

내 사업의 핵심 키워드가 무엇일까? 이걸 찾는 데 3월부터 지금까지도 진행하고 있다. 바로 지역 이름에 새시만 붙이면 되는 것이다. 돈 안 들이고 네이버 검색 순위 1위 하는 거 그리 어렵지 않은 일이다.

그다음 5단계는 그 고객층이 가진 공통점을 파악하는 것이다.

고객들이 가장 두려워하는 것은 크게 두 가지인데 첫 번째는 누수, 바로 물이 새는 것이다. 오래된 집에 누수가 생기니까 이걸 해결해 줘야 되는 것이다. 그리고 그다음이 단열 문제이다.

6단계는 고객의 불편함을 반드시 듣는다는 것이다.

내 경우 블로그나 문자 내용에 항상 고객의 불편한 것을 먼저 해결하는 문구가 들어가 있다. 고객의 불편함을 먼저 읽어주는 것이다.

고객들은 염려하고 있다.

새시를 해야 하는데 처음 하다 보니 염려하지 않을 수 없다. 두 번 세 번 했다면 괜찮을 것이다.

진짜 단열효과 있을까, 누수가 되지는 않을까, 저 사람한테 사기를 당하지는 않을까, 합리적인 금액이 아닌 더 많은 돈을 내지 않을

■ 한우리창호의 역할기술

"한우리창호는 제품판매 보다 고객만족을 위하여 환경에 딱 맞는 최상의 창호를 선택할 수 있도록 전적으로 돕는다."

하나, 고객의 작은 소리에도 귀를 기울인다.
하나, 고객의 불편한 것을 해결해드린다.
하나, 고객이 OK할 때까지 최선을 다 한다.

고객이 부르면 언제든지

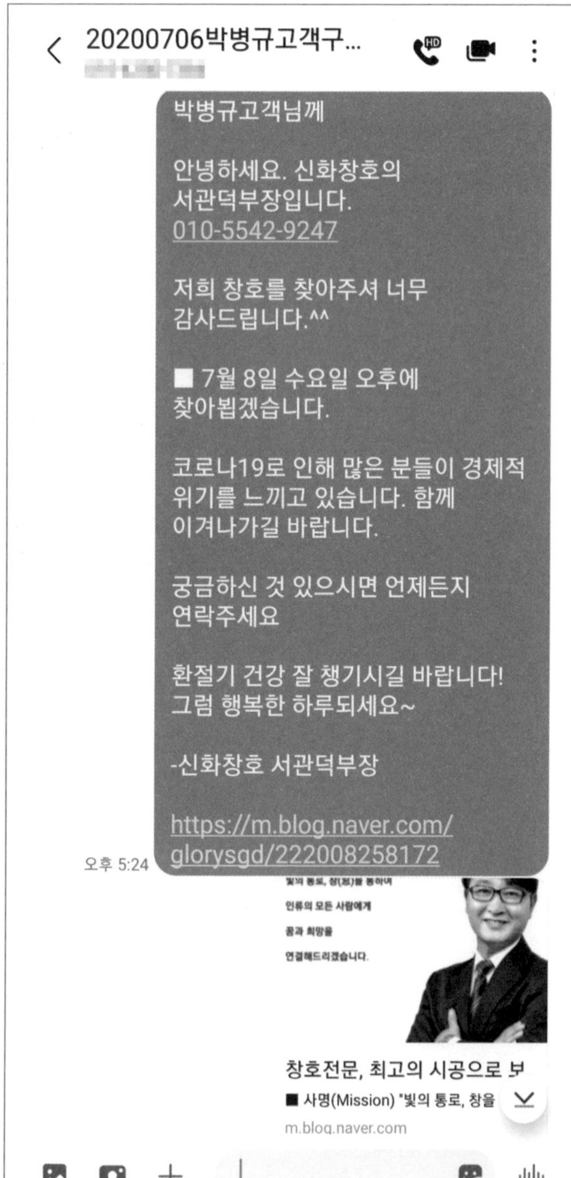
20200706박병규고객구...
박병규고객님께
안녕하세요. 신화창호의
서관덕부장입니다.
010-5542-9247
저희 창호를 찾아주셔 너무
감사드립니다.^^
■ 7월 8일 수요일 오후에
찾아뵙겠습니다.
코로나19로 인해 많은 분들이 경제적
위기를 느끼고 있습니다. 함께
이겨나가길 바랍니다.
궁금하신 것 있으시면 언제든지
연락주세요
환절기 건강 잘 챙기시길 바랍니다!
그럼 행복한 하루되세요~
-신화창호 서관덕부장
https://m.blog.naver.com/
glorysgd/222008258172
오후 5:24
인류의 모든 사람에게
꿈과 희망을
연결해드리겠습니다.
창호전문, 최고의 시공으로 부
■ 사명(Mission) "빛의 통로, 창을
m.blog.naver.com

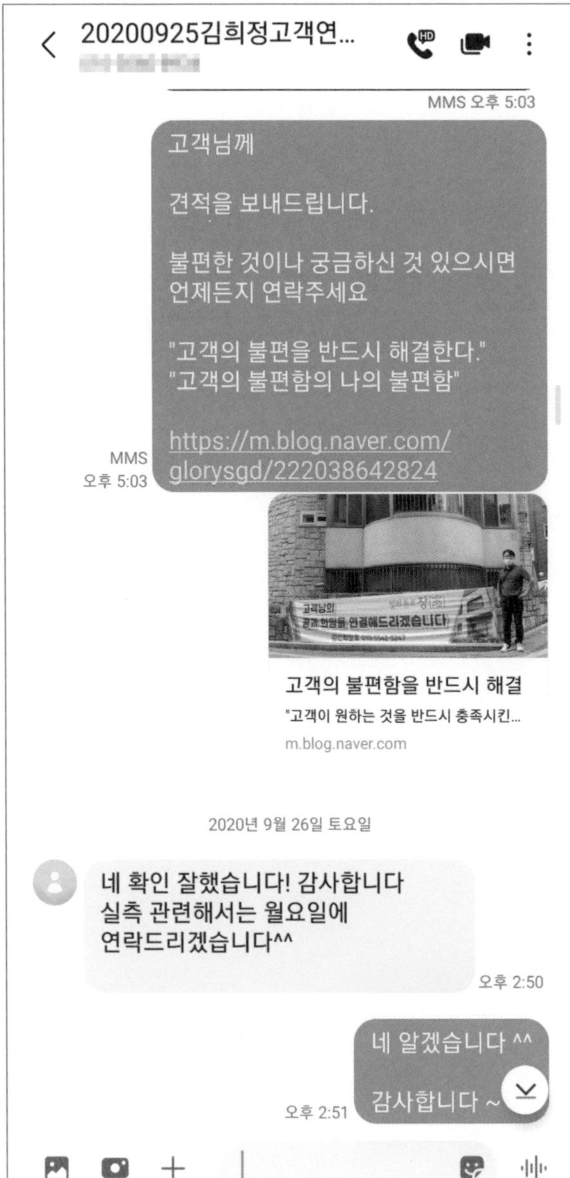
20200925김희정고객연...
MMS 오후 5:03
고객님께
견적을 보내드립니다.
불편한 것이나 궁금하신 것 있으시면
언제든지 연락주세요
"고객의 불편을 반드시 해결한다."
"고객의 불편함의 나의 불편함"
https://m.blog.naver.com/glorysgd/222038642824
MMS 오후 5:03
고객의 불편함을 반드시 해결
"고객이 원하는 것을 반드시 충족시킨...
m.blog.naver.com
2020년 9월 26일 토요일
네 확인 잘했습니다! 감사합니다
실측 관련해서는 월요일에
연락드리겠습니다^^
오후 2:50
네 알겠습니다 ^^
감사합니다 ~
오후 2:51

까 하고 걱정하는 것이다. 그럴 때 나는 다음과 같이 대답한다.

"고객님, 단열효과도 좋고 누수를 해결할 수 있는 방법이 있습니다. 그 아파트에는 그와 같은 문제점을 안고 있겠지만 이렇게만 하면 됩니다."

고객의 불편함을 해결하는 건 공식이다. 왜 고객들이 밤중에도 나에게 연락이 올까? 자신의 불편함을 해결해 줄 수 있는 사람이라고 판단했기 때문이다.

고객들은 한번 신뢰가 형성되면 모든 것을 맡기고 싶어 한다. 심지어 나를 통해서 인테리어를 하고 싶다는 말까지 한다. 바로 신뢰가 형성되었기 때문이다.

고객과 한번 신뢰가 형성되면 영원한 고객을 만들 수 있고, 열광 고객을 만들 수 있다.

# 3장

# 위기는 기회다

1

# 하루가 달라지는 아침 일기

‘커피 한잔의 명상으로 10억을 번 사람들’이라는 책을 자주 읽고 있다. 수도 없이 완독했다. 책의 글자보다 내가 쓴 메모가 훨씬 많아졌다. 강의 때마다 늘 이 책을 소개한다. 나는 이 책 덕분에 잠재의식을 바꿀 수 있었고, 내 인생을 바꿀 수 있었다.

그리고 많은 사람들에게 꿈을 이루려면 먼저 잠재의식을 활용해야 한다고 강조하고 있다. 많은 책을 읽으며 마음가짐이 얼마나 중요한지 깨달았기 때문이다. 심지어 ‘커피 한잔의 명상으로 10억을 번 사람들’은 이렇게 말한다.

만약 당신의 삶이 불행하거나 가난하거나 또 실패에서 벗어나지 못하고 허덕이고 있다면, 그것은 당신이 잠재의식을 활용하지 않았기 때문입니다.

-'커피 한잔의 명상으로 10억을 번 사람들'

정확히 나의 상태를 말해주는 것 같았다. 파산으로 내 삶은 불행했고, 가난했고, 실패했다. 도저히 벗어날 방법이 없어 보였다. 그리고 잠재의식이 무엇인지도 잘 몰랐다. 그렇기 때문에 더욱 잠재의식에 대해 많은 생각을 했던 것 같다.

앞서가는 사람은 모두 잠재의식을 활용하고 있다. 심지어 지금 부자인 사람들은 가난할 때도 부자처럼 생각했다고 한다. 처음에는 이 사실을 믿을 수 없었다. 하지만 해보기로 했다. 그런데 정말 그렇게 되었다. 나만 그런 것이 아니었다. 우리 가족 또한 잠재의식을 믿게 되었다.

작은딸은 받아쓰기를 잘하지 못했다. 나도 속상했지만, 본인은 얼마나 속상했을까? 그래서 딸에게도 잠재의식에 관해 알려주기로 했다.

우선 방 여기저기에 받아쓰기 100점이라는 종이를 붙였다.

처음에 작은딸은 물론 가족들도 믿지 않았다. 종이를 붙여놓는다고 그것이 이루어진다는 것이 말이 되느냐면서 말이다. 하지만 그

성공한 사람들의
100가지 명상
오시마 준이치 지음 | 박운용 옮김
커피 한잔의 명상으로 10억을 번 사람들
Break
time
for
coffee
"당신의 미래는 당신이 생각하는 대로 열린다."
나라원

p173 7줄 했니다 → 했습니다. 오타자

p185 7줄 틀어질 될 거야 → 틀어지게 될 거야 or 틀어진 거야

# 5분 명상

*Five Minute Meditation*

이 책은 여러 번 읽을수록 좋습니다. 읽을 때마다 아래에 날짜를 쓰세요.
또 당신에게 기쁜 변화가 있었다면 아주 사소한 것이라도 써보세요.
작은 수고와 기쁨이 쌓이면 내일 더 큰 성취, 더 큰 기적을 불러옵니다.

2020년 : ① 1/13 (일시가 해결됨) ② 1/14 01:06, ③ 1/14 4:19 (칼원이디야 커피숍 여유만사)

④ 1/15 00:57, ⑤ 1/15 06:10 (19~21), ⑥ 1/16 01:43 (22~24: 3P 41 동기 중 박현근 책 통해 나의 콘텐츠 ...)

⑦ 1/16 06:30 (25~27) 강동나비 운영 생각이 남. ⑧ 1/17 06:08 28~29. ⑨ 1/17 20:37. 30~33. 아내에게 반응보인 정지현 강사 ... 김재원 아버지 전화 통화 만남 잡힘. ⑩ 1/18 01:41 (34~35) ⑪ 1/19 05:59 (36~37)

⑫ 1/20 05:51 38~39 ⑬ 1/21 06:06 40~44. 아내가 마스터 과정 비용 지원해주기로 했습니다. 감사

⑭ 1/22 01:22. 42~43 ... ⑮ 1/22 14:23 44. ⑯ 1/25 47.48. ... 칭찬 (... 사람)

⑰ 1/26 09:22 48.50 ⑱ 1/27 09:36 51.52. 10억 목표 재설정. ⑲ 1/28 53~54. ...

⑳ 1/30 48.51.55.56. ㉑ 2/1 57. 여재아시 400만원 통장에 입금해주었음. ㉒ 2/2 58~59 ... 3P ... (... 결정 ...)

㉓ 2/3 60~62 다시 힘이 납니다 "성공" ㉔ 2/3 62~63 아내가 ... 서점과 ... ㉖ 2/4. 64~67 ㉗ 2/4. 68~69 ...

㉘ 2/5 70~74. 3P 세번바인더 100권 구입 ㉙ 2/6 75~77. 책꽂이 정리 ㉚ 2/7 78~80 ...

㉛ 81~84 ... 3P 연구소에 왔습니다. 힘이 생깁니다. ㉜ 85~86

㉝ 2/11 87. 06시 ... 감사 ㉞ 2/12 88. 책소개가 ... (거래처 연락 → ...)

㉟ 2/13. 89~90. ㊱ 2/13 91~92 ... 감사 (...)

㊲ 2/14 93~94 ㊳ 2/17. 95. 100만원 수금이 되었습니다 ㊴ 2/18 95~96 ...

㊵ 2020. 2. 19 가정의 변화 대변화가 시작되었습니다. 장농을 바꾸고 청소를 시작합니다 (97)

~~㊵ 2/20 ...~~ ㊶ 2/20. 98~100 ㊷ 2/21. 60. ... 시작합니다.

㊸ 2/23 2~3 ㊹ 2/24. 4~6 세미나 ... ㊺ 2/26 7~8. 다시 명상 ... 감사합니다. ... ㊻ 2/26. 11. 코로나19 사태 → ...

㊼ 2/27. 9. ㊽ 2/28. 10~11 ㊾ 3/1. 12. ㊿ 3/3 13~14 (수원 ...) 51 3/4 15~16 ...

52 3/4. 17.48.14. 53 3/5 18~20. 43. 54 3/6. 21 55 3/6 22. 56 3/8. 24. ...

57 3/8. 23. 책꽂이가 ... 58 3/9 26. ... 59 3/10 27. ... 감사드립니다. 60 3/10 28 61 3/11 28.29 ...

62 3/12 29.30 ... 감사합니다. 화장실 청소. 다시 + (화장실 청소하면 복이 ...)

63 3/13. 30.31. 오늘 내차는 1000만원에 팔렸다. 57.58. ...

) 3/15. 31~32. 화장실 정리 되었습니다. 14일 [illegible] 동안 (66) 3/15. 32~33 하루 마무리 잘 되었음. [illegible] 좋고
[illegible] 칭찬도 [illegible] 받고, 서재는 [illegible] 도 했습니다.

) 3/16. 33~34. 7시 이전에 일어날 수 있어 감사합니다. (67) 3/17 34~35 [illegible] 잘 [illegible] 습니다. 이제부터
시작입니다. (68) 3/18 35~36. 드디어 [illegible] 시작. [illegible] (68) 3/19 36~37. [illegible]
[illegible] 하고. 대출도 상환하고 나니 마음이 편합니다. 여유가 생겼습니다. (69) 3/20 37~39 [illegible]
[illegible] 같이 일하자고 제안 (70) 3/22 37~40 서재문 밖이 깨끗이 [illegible]. [illegible] 생김 (감사)
3/23 37~41. 오늘은 차가 나오는 날입니다. (72) 3/24 37~42. [illegible] 생김. [illegible] 1건 [illegible]

) 3/24 37~43. BUS [illegible] (74) 3/26 37~44 어제. 청담동 계약이 되었습니다. [illegible] 것 같습니다.

5) 3/28 37~46 청담동 시공하는 날입니다. (76) 4/1. 37~48 역시 명상은 [illegible] 마음은 지워집니다.

) 4/3 37~48. (78) 4/6 37~50.51 (79) 4/8.51. 건축에 대한 행복한 생각 (우리의 길이)

) 4/10. 51~52 관계부서의 법칙 생각함. (81) 4/16 53. 박진영과 면접. ([illegible])

) 4/11 51~54. 3P 사무실. 아이디어 생겼음 (83) 4/17 55. 3P 사무실에 [illegible]

4) 4/13 41. 48 신화창호 성공 [illegible] 나에게 좋은 인생을 살고 있습니다. ([illegible])

5) 4/14 52. 좋은 아이디어 생각남 ([illegible]) (86) 4/16 52.61. 성공. 이미 이루어 [illegible] 보고 갑니다.
박진영 대표를 만나며 청사진이 보입니다. [illegible]. 바인더와 명상은 [illegible] 습니다. 감사합니다.

7) 4/17 61.62 블러그 포스팅(어제 [illegible], 사진 행복) 공유. [illegible] SNS에 답!

) 4/19. 61.52. 오늘은 기획하는 날 ([illegible]) (89) 4/20 61.63. [illegible] 감사하라

) 4/21 48. 어제 시공 후 수금도 잘 되었습니다. 오늘은 [illegible] 가려 합니다 ([illegible])

1) 4/22 48 청담동 수금 잘됨. [illegible] 고객의 [illegible] 좋은 생각으로 [illegible] 감사합니다.

2) 4/24 60. 이루어지는 일이 확신이 생겼습니다. (93) 4/24 [illegible] 시작하며 / [illegible] A

4) 4/26 62. [illegible] 계약되었습니다 감사합니다. (95) 4/28 (27) 48. 64. 65. [illegible] 감사합니다.

6) 5/1 어제는 (66 67) [illegible] 습니다. 행복한 [illegible] 상상. 3개 [illegible] 현장 (97) 5/3 68 [illegible] 되었습니다
[illegible] 감사합니다.

98) 5/4 69. 가족들과 시간을 보낸 "선물을 받은" (99) 5/9 70 [illegible] 좋은 [illegible] → 긍정 ([illegible])

100) 5/10 84. [illegible] 마음이 편안하지 X (101) 5/14 71. 창호학교 [illegible] (102) 5/12 72. [illegible]
창호학교 [illegible]. (103) 5/15. 72. 73. 아내와 관계가 좋아집니다. (104) 5/16 74 [illegible]

5) 5/17. 75~78 반복이 중요. 다시 시작. [illegible] 오늘은 가족사진 찍는 날. (106) 5/18 48. 79 [illegible] one 4[illegible]

7) 5/19. 48. [illegible] 감사 [illegible] something [illegible] 다시 생각 (108) 5/21 41. [illegible] 수금 잘됨. [illegible]

9) 5/22 82. [illegible] 다시 [illegible]. (110) 5/23 82. 바인더 시작. 어제는 고객이 계약 [illegible].

) 8 5/26. 83. 84 행복은 이미 선택되었습니다. 성공은 이미 선택되었습니다. (112) 5/27 84. 85. [illegible] ([illegible])

3) 5/28 86. 87. [illegible] (114) 5/29 88 [illegible] 계약을 했습니다 ([illegible])

5) 5/30 89. 다시 [illegible] (116) 5/31 90 [illegible] 시작하기

) 6/1 91. [illegible] (아내) (118) 6/2 92. [illegible] 마음이 편안합니다. 나에게도 축복 행복

) 6/3 93. [illegible] 이야기에 힘이 납니다. (120) 6/4.5. 94. [illegible] 받음. ([illegible]
[illegible] 같은) (121) 6/6 95. 수금 100 [illegible] (122) 6/7 96. [illegible] 시작하다. [illegible]

3) 6/8 97. 98. [illegible] 생각에서 시작. 오늘은 [illegible]. 감사합니다. (124) 6/9 6/10 99. 100 [illegible] 시작 [illegible]

[illegible] 나다 보았습니다.

6/1 1. [illegible] 긍정. [illegible] 하고 있습니다 [illegible] 있습니다. (127) 6/12 2. [illegible] 처음 시작 [illegible]

6/13 3 다시 [illegible] 느낌. 계약이 두건 [illegible] (129) 6/14 4 [illegible] (130) 6/15 4.5. [illegible]

6/16. 6. [illegible] 계약됩니다 (132) 6/23. 7 [illegible]. [illegible] 다시 [illegible] 행복하게

6/24. 8.9. 행복한 상상 좋은 [illegible] (134) 6/24. 9. 어제 AC 성공대박 [illegible] (135) 6/29. 10. 계약 ing

기적이 이루어지기까지는 얼마 걸리지 않았다.

"아빠, 나 받아쓰기 100점 맞았어!"

그 이후 작은딸은 물론 온 가족이 잠재의식을 신봉하게 되었다.

한번은 드림 보드 즉 보물 지도를 구상해본 적이 있다.

신기하게도 시간이 지나면 지날수록 그중 대부분이 이루어지고 있었다. 그 꿈이 이루어지면서도 정말 신기했다. 하지만 모든 것이 이루어지는 것은 무리였을까? 몇 가지가 이루어지지 않았다. 그중 한 가지가 바로 다락방이었다.

물론 보물 지도를 그리면서도 가장 말이 안 된다고 생각했던 것 중 하나가 바로 다락방이 있는 집이었다. 실제로 이사를 갈 때도 다락방이 없는 집을 계약했다. 보물 지도에 그려놓고, 다락방이 있는 집을 꿈꾸었지만 현재의 상황에서는 무리였다.

그런데 정말 신기하게도 그 집에는 다락방이 있었다. 심지어 집주인도 잘 모르고 있었다고 한다.

보물 지도에 그렸던 거의 모든 것이 이루어졌다. 아마 모든 것이 이루어질 날도 오지 않을까 기대한다.

사람들에게는 모두 이루어졌으면 하는 꿈들이 있다. 문제는 그 꿈을 꿈으로만 두는 것이다. 왜 많은 사람이 보물 지도를 그릴까? 그리고 어떻게 많은 사람이 그 꿈을 이루었다고 말할까? 그것은 바로 늘 꿈을 보면서 시각화했기 때문이다. 날마다 자신의 잠재의식을 자극했기 때문이다.

이 책을 읽는 여러분에게도 분명 꿈이 있을 것이다. 그것을 꿈으로만 두지 않았으면 한다. 그 꿈을 보물 지도로 만들어서 늘 시각화했으면 한다.

다시 한번 강조하고 싶다. 가장 중요한 것은 마음이다. 그 잠재의식을 바꾸는 것이 무엇보다 중요하다.

'커피 한 잔의 명상으로 10억을 번 사람들'은 잠재의식을 깨우는 책이다.

나는 사업이 한참 힘든 시기에 이 책을 읽기 시작했다. 읽어 보고 그때 가졌던 느낌들, 즉 좋았던 일은 물론 나빴던 일도 좋아질 것을 생각하며 적어 놓았다.

이 책은 빨리 읽을 필요가 없다. 한 페이지를 읽더라도 명상을 하듯이 읽으면 된다. 커피 한 잔의 여유를 갖는 것이 정말 중요하다.

새벽이고 밤이고, 명상하기 제일 좋은 시간은 잠자기 전이라고 한다.

시공 시 현수막을 걸어 놓고, 배너를 걸어 놓고 하는 것도 아침 명상 중에 생각났던 것들이고, 블로그에 어떤 내용으로 올릴까 하는

즉시! 반드시! 될때까지 한다!
새로운 스타
2021년 가
《 가족 최고의 멘토 》
가족은 내가 지킨다!
《 건강한 몸 》
주기적 운동
식생활 개선
여유로운 거실~
여유있는 집으로 이사
신앙/봉사
• 경건생활
기도하기 하루 3회
말씀묵상 1일 1장
• 말씀새기기
성경암송 1일 1구절
말씀 되새김
• 사명
업무 매뉴얼화
인재양성
신체/건강
• 주기적 운동
유산소운동 주3회
근력운동 주3회
• 식생활 개선
저녁 6시 이후 먹지않기
집밥먹기 2회
• 정상혈압 완성
125 / 75
AC ↓
가정재정
• 여유있는 집으로 이사
강동팰리스
새는 돈을 막아라!
• 가족멘토역할
아내 : 건강한 몸 52Kg
첫째 : 능력+활기찬 사회생활
둘째 : 꿈을 펼치는 고교생활
자신 : 긍정에너지 1,000% 소유자
• 가족힐링
가족 매달 1회 카이로스 타임
가족나비 활성화
아무나
R
꿈을 이뤄가
성공 성취 건강

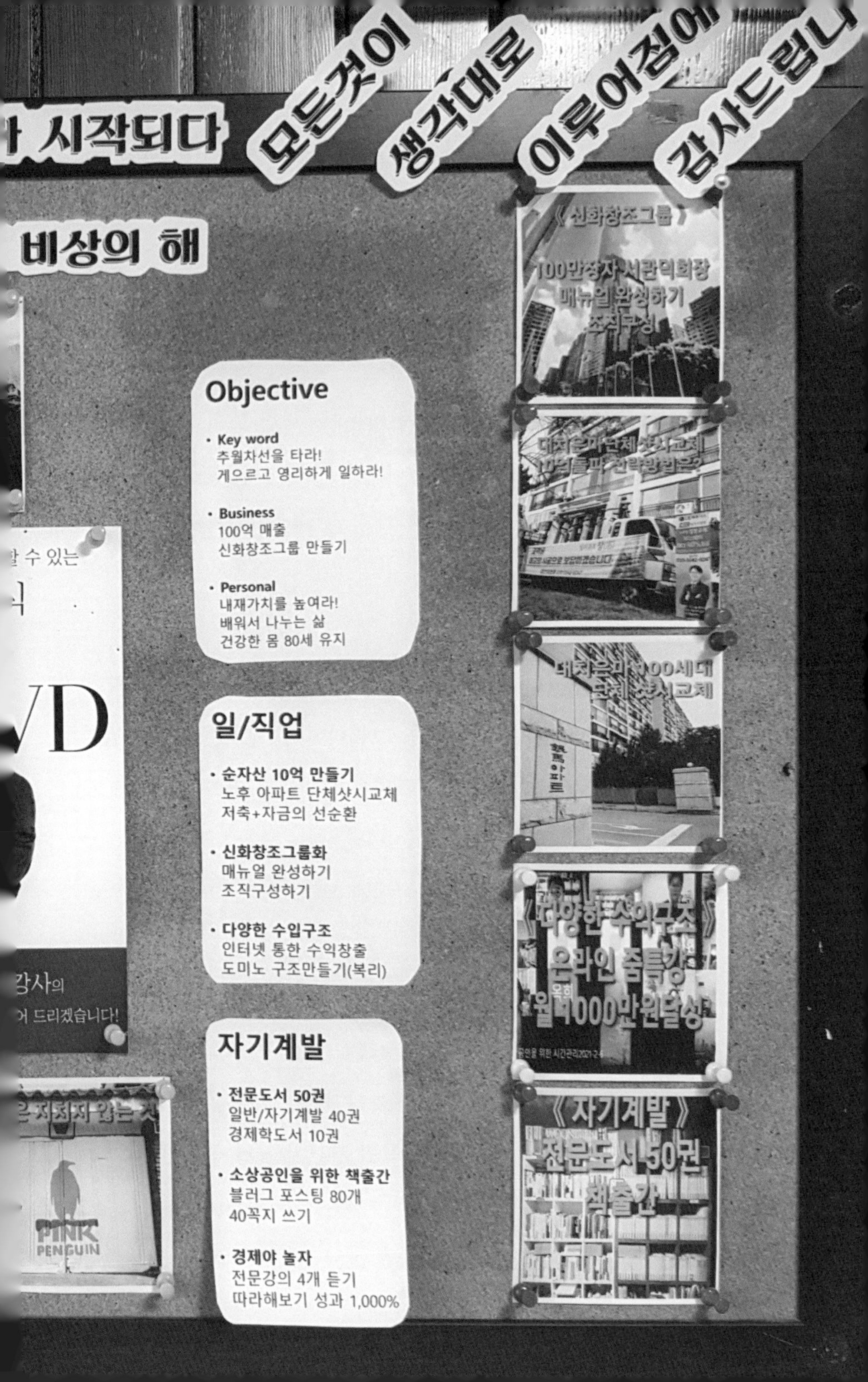
시작되다
모든것이
생각대로
이루어짐에
감사드립니다
비상의 해
Objective
• Key word
추월차선을 타라!
게으르고 영리하게 일하라!
• Business
100억 매출
신화창조그룹 만들기
• Personal
내재가치를 높여라!
배워서 나누는 삶
건강한 몸 80세 유지
일/직업
• 순자산 10억 만들기
노후 아파트 단체샷시교체
저축+자금의 선순환
• 신화창조그룹화
매뉴얼 완성하기
조직구성하기
• 다양한 수입구조
인터넷 통한 수익창출
도미노 구조만들기(복리)
자기계발
• 전문도서 50권
일반/자기계발 40권
경제학도서 10권
• 소상공인을 위한 책출간
블러그 포스팅 80개
40꼭지 쓰기
• 경제야 놀자
전문강의 4개 듣기
따라해보기 성과 1,000%
《신화창조그룹》
매뉴얼 완성하기
조직구성
《다양한 수익구조》
온라인 줌특강
월1000만원달성
《자기계발》
전문도서 50권
책출간
할 수 있는
VD
강사의
어 드리겠습니다!
PINK
PENGUIN

것도 명상 중 아이디어였다. 그리고 아이디어를 하나하나 낼 때마다 바로 바인더에 기록을 했다. 그게 바로 아침 일기장이었다.

모든 걸 한꺼번에 다 하려고 하지 말고 오늘 이건 할 수 있구나 싶은 것만 하면 된다.

백만장자들도 목표를 높게 잡지 않는다. 제일 먼저 아침에 일어나자 이불 정리, 침대 정리하기 등이다. 그리고 많은 운동을 하는 게 아니고 고작 팔굽혀펴기 두 개 정도다. 그 백만장자들 역시 우리와 같이 더 평범하기 그지없다.

나 같은 경우는 아침 일기다.

대부분 사람이 저녁때 일기를 쓰는데 저녁에 쓰는 일기는 거의 하루의 반성이고 후회하는 것들이다. 그러나 아침 일기는 하루가 달라진다. "나는 긍정으로 시작한다. 행복을 선택하는 권리를 너에게 준다."라는 말로 하루를 시작하는 것이다.

그뿐만 아니라 우리 집 대문에 이렇게 적혀 있다.

'당신의 하루가 태양처럼 빛나길.'

아침에 나갈 때마다 이 문구를 보고 나간다.

내가 어떤 단어를 선택하느냐에 따라 하루가 달라지는 것이다. 이

건 내가 직접 경험했고 백만장자들도 똑같은 얘기를 한다.

아침에 어떤 단어를 선택하느냐에 따라서 하루가 달라진다는 것이다. 반성하는 저녁 일기를 쓰지 말고 이제는 아침 시작할 때 쓰는 아침 일기를 써 보기 바란다.

# 2
# 우연한 행운

지금부터 수년 전에 있었던 일이다. 영수증 하나가 결국 나에게 엄청난 행운을 가져다주는 역할을 했다.

잘 알고 있는 건설업계의 선배님이 어느 날 전화를 했다.

"야, 영수증 하나만 좀 써줘라. 200만 원짜리 영수증, 그러니까 전자세금계산서 이걸 맞춰야 하는데."

선배님은 영수증을 분실했다며 재발행을 요청하였다. 내가 사업을 하다 보니까 200만 원짜리 하나 만들어 주는 것은 그리 어렵지 않았다. 그래서 내가 200만 원짜리 영수증을 보내 드린다고 하자 그 선배님은 우편으로 보내주면 된다고 하였다. 그래도 내가 직접 가서 전달해드리겠다고 하고는 그 선배님 사무실로 갔다.

영수증을 갖고 찾아갔더니, 그 잘나가던 선배님이 몇 평도 안 되는 협소한 사무실에 앉아 있는데 너무 초라해 보였다. 내가 사업하는 입장에서 경험해 봐서 알지만 무엇이든 도와 드리고 싶었다. 그런데 그 선배님은 영수증을 받고는 나에게 말씀하셨다.

"내가 사정이 있어 잠시 다른 회사에 좀 얹혀 있다. 지금 당장 너한테 도와줄 건 없지만 건설사 사장님 한 분을 소개해 줄 테니 인사만 해."

마침 나에게 명함이 한 장 있었고 명함을 드리며 인사를 마쳤다. 우리 업자들은 일단 명함을 받으면 항상 핸드폰에 제일 먼저 입력해 놓는 것이 기본임은 누구나 알 것이다. 그리하여 당시 선배님이 소개한 사장님의 성함 옆에다 간단한 문구들을 채워 적어 놓았다.

한 달이 지났을까? 그 사장님에게 전화가 왔다.

나야 메모해 놓은 것이 있어 금세 알아채고는 "아, 사장님! 반갑습니다." 하고 인사를 하자 그분이 깜짝 놀랐다.

"나를 알아요?"

"아, 왜 모르겠습니까? 제가 그냥 한 달 전에 선배님 회사로 갔다가 소개받은 대표님 아니세요?"

그랬더니 그분이 껄껄 웃으시면서 실은 조그만 현장 하나가 있는데 내일 와서 창문 견적 좀 내 달라는 것이었다. 그리하여 다음 날 작은 현장이라고 해서 얼마나 작을까 의아해하면서도 달려갔다.

그런데 주소지로 찾아갔지만 작은 현장은 아무리 찾아봐도 보이지 않았다. 그리고 주소지에는 15층 정도 되는 나홀로 아파트가 진행되고 있는 것이었다. 그때가 새벽 6시 반쯤이었다. 그런데 뒤에서 누가 부르기에 보니 그 사장님이었다.

"현장이 어딘데요?"
"여기야."

바로 그 15층짜리 건물이었다. 나는 깜짝 놀랐다. 작은 현장이라 해서 기껏 주택 1~2층 정도 아니면 단층이라고 생각을 했는데 15층짜리라니! 입이 떡 벌어질 수밖에. 그래도 그 순간 나는 주눅 들지는 않았다. 내 잠재의식을 사용할 때였기 때문이다. 나는 마음속으로 다짐했다.

'이 현장은 내 거다. 반드시 계약된다.'

나는 계단을 올라가면서 계속 생각했다. 그리고는 "아, 사장님! 이거 언제 계약해서 발주 넣으면 될까요?" 하고 물었더니 그 사장님께서 웃으며 말씀하셨다.

"아니, 견적도 안 내고 무슨 발주를 하고 계약한다고 그래?"

그런데 나는 그 당시 너무 당당해져 있었다. '된다.'라는 확신이 들었기 때문이다. 그랬더니 그 사장님이 나를 보면서 젊은 사람이 참 당돌하기도 하다고 하셨다.

그러나 일주일 정도 후에 결국은 1억짜리 계약이 되었다.

내가 그 사장님을 만났을 때 집에 와서 제일 먼저 한 것이 있다.

내가 쓰는 칠판에다가 그 현장 이름을 정확하게 적어 놓고, '이 현장은 나에게 계약이 100% 되고, 수금도 너무 잘됐다.'라는 결과형으로 써넣었다. 미래에 도달할 일을 결과물로 칠판에다 써넣고 계속 되뇌었다.

결국 일주일 만에 계약이 됐고 수금도 잘되었다. 그러나 거기서 끝난 게 아니었다. 그 사장님이 그런 현장을 여러 개 진행하고 있었고, 결국은 3개 현장을 연거푸 계약할 수 있었다. 각각 1억짜리 공사였다.

3

# 타깃 마케팅

타깃 마케팅이란 집중해야 할 고객층 영업이다.

우리는 지금 시간이 없다. 대기업도 아니고 소상공인의 처지여서 폐업의 위기 속에 하루하루를 버텨나가는 실정이지만 이대로 장시간 가면 안 된다.

그리하여 나는 3개월이란 시간을 잡았다. 3개월 안에 우리는 어떻게든 성과를 내야만 되기에 짧은 시간 성과를 내려면 타깃 마케팅이 중요하다는 것 꼭 기억해야 한다.

그리고 고객 관리 바인더도 중요하다.

고객층에 대한 바인더를 갖고 있는 사람들도 있겠지만 없는 사람들이 대부분이다. 그리고 막상 관리한다고는 하지만 노트가 너무나 다양하다. 따라서 이제는 고객에 대한 부분은 이 바인더에 집중하지 않으면 안 된다.

예전에는 그냥 일반 다이어리 같은데 기록했지만, 이제는 모든 것이 한 시스템이 되도록 만들어야 한다.

'고객 관리 바인더.'

바로 데이터의 힘이다. 이것들이 쌓이다 보면 힘이 생기는 것이다.

그다음은 디지로그다.

이제는 디지털과 아날로그가 하나가 되어야 한다. 아날로그와 디지털이 하나로 겹칠 때 엄청난 시너지가 만들어진다.

일단은 바인더를 가지고 그냥 그대로 해보자. 처음에는 힘들어도 약 한 달 정도 지속력을 갖게 되면 그다음에 석 달 정도에 고비가 온다. 그러나 그 고비를 넘기게 되면 자료가 쌓이며 익숙하게 될 것이다.

타깃 마케팅은 짧은 시간 내에 성과를 내기 위해 중요하다.

그 방법은 자신이 원하는 고객층이 모여있는 커뮤니티, 즉 SNS 쪽에 광고를 하는 것이다. 앞서 설명한 대로 나 홀로 인테리어라고 하여 요즈음 들어서 고객들은 하나부터 열까지 본인들이 직접 알아보고 직접 한다. 바로 그곳에 집중하는 것이다. 그곳에 제품을 소개하는 것이 아니라 나를 파는 것이다.

그럼 나를 파는 방법은 무엇일까.

우선 문자메시지부터 하는 것이 좋다. 문자는 누구나 보낼 수 있으니까. 카톡도 좋다. 카톡, 문자, 그다음에 SNS 등 인터넷으로 들어가게 되면 페이스북, 카카오 스토리, 인스타그램, 네이버 블로그 등이다. 그리고 이제는 나 혼자만 PR을 해서는 안 되고 고객들이 나와 내가 팔고자 하는 제품과 연결되도록 하는 이런 블로그나 유튜브가 필요하다.

먼저 문자메시지 준비부터 해보자.

우선 1단계는 잠재고객에게 문자메시지가 갔을 때 관심을 갖도록 만들어지는 문자다. 그리고 두 번째 단계는 고객이 관심을 가졌다면 이제 구매로 연결되도록 하는 문자가 필요하다. 그다음에 구매가 이루어졌다면 사후관리에 대한 문자다.

잠재고객을 관심고객으로 만들기 위해서는 간단한 문자면 충분하다. 그러나 내 경우는 고객들의 성함을 넣어 문자를 보낸다. 이는 고객들이 문자메시지를 받았을 때 '아, 이거 일반적으로 오는 문자가 아니구나.'라는 느낌이 들지 않도록 하기 위해서이다. 그리고 문자메시지 하단 부분에 블로그를 넣는 것이다.

현재 블로그를 하지 않거나 못 하는 사람들은 그냥 문자메시지만 보내도 괜찮다. 반드시 효과가 있다.

그리고 나에 대해서 간단히 쓰지만 반드시 현재 상황을 이해해야만 한다.

고객들도 힘든 상황인데 거기다 대고 무조건 제품부터 설명하면 고객들은 도망가기 마련이다. 제품설명은 이미 인터넷에서 검색이 다 된 상태이다. 고객은 과연 이 사람이 정말 내 집을 정말 잘 고쳐줄 수 있는 사람인지, 그걸 확인하고 싶은 것이다. 그래서 제품에 관련된 문자를 보내면 안 된다는 것이다.

나는 일부러 문자메시지를 보낼 때 사진도 넣었다. 사진을 넣으면 고객들이 사진을 클릭하게 되고 그러면 블로그로 연결된다.

내 블로그로 들어가게 되면 다음과 같은 문구를 보게 될 것이다.

'창호 전문, 최고의 시공으로 보답하겠습니다. 빛의 통로, 창(窓)을 통하여 인류의 모든 사람에게 꿈과 희망을 연결해 드리겠습니다.'

KT 7:07
100%
소상공인지식플랫...
비즈니스창
최고의 시공으로 보답하겠습니다
서관덕 선한영향력
2020. 11. 6. 13:40
통계
"최고의 시공으로 보답하겠습니다"
최고의 시공으로 보답하겠습니다
010-5542-9247
6
2

소상공인지식플랫...

■ 한우리창호의 사명

"빛의 통로, 창을 통하여 인류의 모든 사람들에게 꿈과 희망을 연결해드리겠습니다"

빛의 통로, 창(窓)을 통하여
인류의 모든 사람에게
꿈과 희망을
연결해드리겠습니다.

■ 한우리창호의 역할기술

"한우리창호는 제품판매 보다 고객만족을 위하여 환경에 딱 맞는 최상의 창호를 선택할 수 있도록 전적으로 돕는다."

23 ··· 20

KT 7:07 100%

소상공인지식플랫...

■ 역할기술

"제품판매 보다 고객만족을 위하여 환경에 딱 맞는 최상의 창호를 선택할 수 있도록 전적으로 돕는다."

하나, 고객의 작은 소리에도 귀를 기울인다.
하나, 고객의 불편한 것을 해결해드린다.
하나, 고객이 OK할 때까지 최선을 다 한다.

6 ··· 2

"아니, 새시 파는 사람이 무슨 인류를 위해 꿈과 희망을 얘기해?"

고객들이 반문하기는 하지만 '아, 이 사람이 좀 다르긴 하다. 혹시 강의하는 사람이야?'라는 궁금증이 생기게 마련이다. 그러다 보니까 사진에 있는 블로그 쪽에 다른 글도 누르며 들어오게 되는 것이다. 이미 나를 다 분석한 사람들은 계약할 확률이 높아진다.

지금은 블로그가 영업을 한다고 해도 과언이 아니다. 블로그에 들어가서 하나하나 관찰하다 보니까 제품보다는 이미 나에 대해 분석한 것이다.

그리고 나에 대한 역할 기술서를 써 놓는 것도 중요하지만 간단하게 쓰면 된다.

만약 출판사라면 출판하는 목적과 역할이 있듯이 제품 판매보다 고객 만족을 위하여 환경에 딱 맞는 것을 선택할 수 있도록 돕는 것이다. 그리하여 나는 카피한 문장이기는 하지만 그대로 써놓았다.

1. 고객의 작은 소리에도 귀를 기울인다.
1. 고객의 불편한 것을 해결해 드린다.
1. 고객이 OK 할 때까지 최선을 다한다.

4

# 목표를 세워야 한다

나는 전 재산을 온라인 마케팅에 투자했다. 수업의 한 마디 한 마디를 놓칠 수 없었다. 그때부터 기록했던 것이 바로 한우리창 리얼 성공 스토리 바인더였다. 부제는 위기를 넘어 1,000% 성장이었다.

그동안 온라인 마케팅에서 배운 것들을 꼭꼭 담아두었다. 직접 수기를 하고 다시 컴퓨터로 타이핑했다. 그리고 사진으로 남겨두었다. 아울러 매출 목표도 그때 세웠다.

사실 처음에는 참 힘들었고 어설펐다. 이제 막 폐업한 자영업자에게, 실패한 자영업자에게 목표가 있을 리 만무했다. 하지만 나는 그 교육을 위해서 전 재산을 투자했기에 도리가 없었다. 어떻게든 그 목표를 구상했다.

'1억, 아니 1,000만 원, 아니 100만 원이라도 벌면 좋겠다.'

그런 생각으로 그냥 그래프를 그렸다. 이루어진다고 생각도 하지 못했다. 그래서 1억이라는 조금은 허황한 목표를 세웠다. 그러나 4개월 만에 무려 1억 매출을 달성했다. 그리고 결국 그 목표는 이루어졌다.

신기하기도 하고 일이 다시 재미있어졌다. 그리하여 앞으로의 계획을 다시 짰다. 그리고 내 성공 스토리를 다시 강의로 만들게 되었다. 나와 같이, 지금 힘들어하는 소상공인이 얼마나 많을까? 그분들에게 내 이야기를 전하고 싶었다. 그리고 이 기록들을 책으로도 남기고 싶다는 생각이 들었던 것이다.

하지만 모든 순간이 좋았던 것은 아니었다. 포기하고 싶었던 순간이 많았다. 심지어 몇 개월 동안 의구심이 들던 때도 있었다. 바인더를 쓰면 금방 매출이 늘 줄 알았지만 아니었다. 그리고 온라인 마케팅을 배우면 바로 매출이 늘 줄 알았지만 그도 아니었다. 그래서 '이게 맞는 건가?'라는 의심이 들었다. 소위 정신적 혼란이 온 것이다. 많은 소상공인도 이 부분에서 힘들어한다. 심지어 1~2년 이상 그런 시간을 보내기도 한다. 아무것도 하지 못하고 말이다.

따라서 무조건 이 기간을 빨리 벗어나야 한다는 생각밖에 들지 않았고, '부의 추월차선'과 '초격차'를 읽으며 그 기간을 빨리 벗어나는 것이 답이라는 결론을 내렸다.

다행히 4개월 정도가 지나자 결과가 나오기 시작했다. 매출이 늘기 시작한 것이다.

스티븐 코비 박사의 '성공하는 사람들의 7가지 습관'의 공통점 첫 번째가 '자신을 주도해야 한다.'라는 문구다.

자신을 주도해야 하는데 그렇지 못하다 보니까 밑 빠진 독에 물을 붓는 것이다. 아무리 좋은 강의를 듣거나 아무리 좋은 책을 읽어도 자신이 주도하지 못하는 것이다.

관심의 원과 영향력의 원에 대해 설명하자면, 가운데 노른자와 같은 부분은 영향력의 원이고 그 원을 둘러싸고 있는 것은 관심의 원이다.

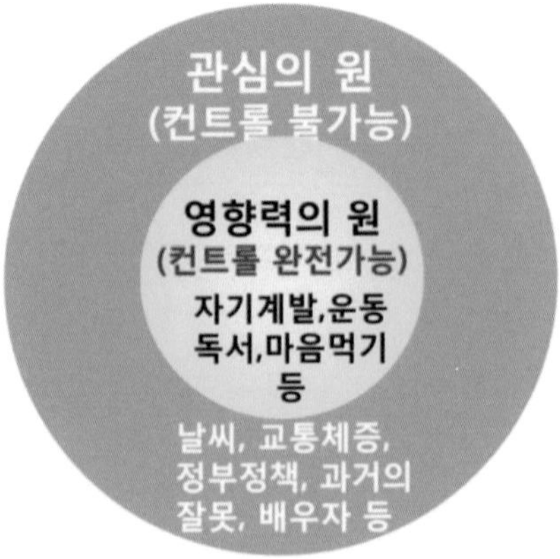

영향력의 원은 컨트롤이 가능하다. 마음만 먹으면 언제든지 바꿀 수 있는 것이 영향력의 원이다. 그런데 영향력의 원 주변을 둘러싸고 있는 관심의 원은 컨트롤이 안 되는 것이다.

그럼 현재 상황과 비교해보자.

코로나 사태로 인해 소상공인들은 저녁 시간에 9~10시를 넘기면 안 되고, 또한 5명 이상 모이면 안 되는 현재 상황은 내 마음대로 컨트롤이 되지 않는다. 그러니까 나를 둘러싸고 관심의 원이 나를 너무 힘들게 하는 것이다.

그러다 보니 불평불만이 많아지고 국가에 대한 원망, 주변 사람들에 대한 원망, 나아가 주변에 잘되는 사람들 꼴을 못 보겠다는 것이 우리 마음이다.

그러나 마음만 바꾸면 위기가 곧 기회가 된다.

다들 위기라고 하지만 지금 내가 하는 일은 호황이고 나뿐만 아니라 현재의 위기 속에서도 기회를 잡는 사람들이 있다는 것이다. 여러분들도 분명히 방법이 있다.

다시 영향력의 원으로 들어가 보자.

현재 코로나19의 위기 상태에서 나는 관심의 원을 바꾸지 못하지만 영향력의 원은 바꿀 수 있다. 즉 자기 계발이나 독서 등 마음먹기에 달려 있다. 목표를 세우고, 시각화를 하고, 계속 나에게 암시를 주는 것이다. 얼마나 멋있고 재미있는 일인가. 이는 자신만 바뀌는 것이 아니라 가족을 바꾸고, 더 신기한 것은 내가 전혀 알지 못하는 사람들이 나에게 도움이 되어 돌아온다는 것이다. 귀인은 물론 환경도 다가오게 되어 있다. 목표를 세우는 순간, 누군가가 마치 엑스트라처럼 나타나서 자신이 목표한 환경을 열어 주는 것이다. 이것이 바로 잠재의식의 힘이다.

5

# 거인의 어깨를 빌리자

시너지는 여럿이 뭉쳐 더 큰 힘을 낸다는 뜻이다. 따로 있을 때도 각각의 역할을 할 수 있지만, 합치면 더 큰 효과가 나온다면 그렇게 해야 하지 않을까?

많은 사람이 혼자 무엇인가 이루려고 한다. 하지만 분명 혼자는 한계가 있다. 이 한계를 이겨내는 방법이 바로 콜라보다. 콜라보란 '일정한 목표를 달성하기 위하여 일시적으로 팀을 이루어 함께 작업하는 일'이라는 뜻이다.

내가 작년에 가장 많이 했던 것이 바로 콜라보다. 심지어 콜라보라는 단어 자체도 몰랐지만, 앞서 말한 박진영 대표 등 수많은 사람과 콜라보, 즉 함께 작업했다. 현재 수익을 가장 크게 내는 업체와도 콜라보로 함께 하고 있다.

콜라보란 쉽게 말해서 삽과 포크레인의 차이라고 할 수 있다.

나는 처음에 블로그에 글을 써서 일일이 고객들에게 전달했다. 나름대로 정말 열심히 했다고 하지만 시간이 갈수록 점점 힘들어졌다. 소위 녹초가 되었다. 열심히 일하고 나서 겨우 집에 왔는데, 블로그 글까지 올려야 했으니 얼마나 힘들었을까? 심지어 글솜씨까지 좋지 않았기에 더욱 힘들었다. 그리하여 새벽까지 글을 쓰기도 했다. 따라서 잠도 거의 못 자고 새벽같이 또 출근해야만 했다.

정말 너무 지쳤다. 힘들게 삽질만 하는 것 같았다. 성과는 나왔지만, 너무 지쳐갔던 것이다. 그런데 어느 날부터 포크레인을 이용하기로 했다. 거인의 어깨를 빌리기로 한 것이다.

거인의 어깨를 빌리기만 해도 격차가 벌어진다. 거인과 함께 콜라보만 해도 초격차가 생기는 것이다. 즉 변곡점이 생기는 것이다.

나의 작년 매출 목표는 1억이었다. 올해 목표는 100억이다. 하지만 혼자서는 절대 불가능하다. 그런데 그것이 어떻게 가능할까? 바로 거인과 함께하기 때문이다.

최근 대치동 은마아파트 100세대를 목표로 영업하고 있다. 그 목표만 이루어져도 10억의 매출이 생긴다. 그리고 은마아파트를 성공적으로 작업하고 그 후기 등을 SNS로 올리면 당연히 근처의 다른 아파트까지도 연결된다. SNS의 영향력이 대단하기 때문이다. 즉 우연

한 행운이 나타나는 것이다. 그렇게 되면 100억이 가능한 것이다.

그리고 콜라보를 하면 좋은 점은 시간이 단축되는 것이다. 보통 성장하기 위해서는 평균 1~3년이 걸린다.

그러나 나는 절박했다. 이 시간을 1년으로, 3개월로 줄이고 싶었다. 불가능해 보였지만, 콜라보라면 충분히 가능하다. 당장 이익은 줄어들겠지만, 그것이 가장 빠른 길이기 때문이다.

매출이 또한 증대된다.

현재 내 매출 목표는 월 2억이다. 불가능해 보였던 1억은 이제 웬만큼 쉬워졌다. 월 목표, 주간 목표를 적어두면서 심지어 이메일 비밀번호도 그 목표와 똑같이 바꿨다. 이렇게 구체적으로 정하는 것이 중요하다.

마지막으로 고객 만족이 높아진다. 혼자서 고객을 100% 만족시키기란 쉽지 않다. 하지만 거인과 함께했을 때 고객들에게 여러 가지 혜택을 줄 수 있었고 당연히 고객 만족은 높아질 수밖에 없다. 그 덕분에 입소문이 나기 시작했고, 더 많은 계약으로 연결되었다. 선순환이 되는 것이다.

아마 나 혼자 했다면 아무리 열심히 하더라도 분명히 한계에 부딪혔을 것이다. 개인의 능력과 시간적인 한계가 분명하기 때문이다. 내 능력을 넘어선 일을 할 수도, 24시간 넘게 일할 수도 없으니 말이다. 하지만 거인과 함께할 때 오히려 시간을 아끼면서도 훨씬 더 많은 일을 할 수 있었다.

이 글을 다 읽기 전에 고민했으면 한다. 내가 함께 콜라보를 할 수 있는 업체나 사람은 없을까? 내가 빌릴 수 있는 거인의 어깨는 없을까? 이 방법을 고민하는 것이 성공으로 가는 가장 빠르고 확실한 길임을 알려주고 싶다.

다시 한번 강조하고 싶다. 1+1은 2가 아니다. 10이 될 수도 있고, 100이 될 수도 있다. 하지만 혼자서는 1의 결과밖에 낼 수가 없다. 거인의 어깨를 빌려야 한다. 그리고 나중에는 거인이 되어야 한다.

다른 사람에게 여러분의 어깨를 빌려줄 수 있는 거인이 되었으면 하는 바람으로 매주마다 강의를 했고, 이렇게 책을 썼다.

지금 당장 거인의 어깨를 빌려야 한다.

또 한 가지 당부하고 싶은 것은 내재가치를 높이라는 것이다.

나의 내재가치를 높여 놓고 있으면 누군가는 나를 끌어다 쓴다는 것이다. 스티브 코비도 얘기하고는 한다.

'항상 영향력의 원을 키워라.'

바로 내재가치를 높이라는 말과 같은 뜻이다. 결국 배워야 한다는 얘기다.

나 역시 자신도 모르게 이 내재가치가 높아지는 것을 느낄 수 있었다. 수많은 강의를 듣다 보니 본인도 모르게 의식 수준이 높아지는 것처럼, 나 역시 내재가치가 높아지는 것이다. 그리고 듣는 언어는 물론 사용하는 언어도 달라지기 시작했다.

작년만 해도 이런 말들이 무슨 말인지 이해하지 못했고 내가 사용하는 언어도 아니었다. 그런데도 이런 언어들을 구사하며 사람들과 대화하는 것을 보면 내 수준도 높아지고 있다는 뜻일 것이다. 바로 배움의 결과이다.

내재가치를 높여 놓으면 언젠가는 기회가 온다. 따라서 배움에 게으르면 안 된다. 계속 강의를 듣고 배우며 콜라보와 거인의 어깨를 올라타야 한다.

거인과 콜라보를 갖게 되면 초격차가 일어나게 된다. 진짜 격차가 급격하게 일어나게 되고 변곡점이 생기게 된다. 그리하여 이제는 금액이 천만 원짜리가 억 단위로 바뀌는 것이다.

혼자는 불가능하지만, 거인과 함께하니까 가능하다.

6

# 성과가 나는 곳에 집중하자

"저에게 이름만 말해주면 그 사람의 성격을 맞춰보겠습니다."

한 TV 프로그램을 본 적이 있다. 한 무리의 청년들이 각자의 이름과 성격을 적은 종이를 각각 관계자에게 전했다. 그리고 관계자는 그 이름을 누군가에게 전했다. 그런데 그 전문가는 이름만 보고 그 이름을 가진 사람들의 성격을 추론했다. 하지만 놀랍게도 거의 맞는 것이 아닌가?

관계자는 물론 청년들도 놀랐다. 그러나 작명 전문가는 오히려 당연하다고 했다. 이름에 따라서 성경이 바뀌는 것은 물론 운명이 바뀌는 경우가 있다며 말이다.

최근에 나도 그런 일을 경험하고 있다. 이름을 바꾸었을까? 아니다. 최근 블로그의 이름을 바꾸었다. 사람으로 치면 이름을 바꾼 것이다. 바로 '은마새시'로 바꾼 것이다. 신기한 것은 그다음이었다.

"안녕하세요? 여기 은마아파트입니다. 새시 교체를 좀 하려고 합니다."

오늘만 해도 두 곳에서 계약 연락이 왔다. 그리하여 아예 100곳을 목표로 하고 있다. 블로그 이름을 바꾼 이후 생긴 변화다.

이렇게 하면 좋다.

A4 용지를 절반 접어서 상단 부분에 번호를 붙여 가면서 적어 보자. 지금 당장 해야 할 것이 무얼까? 아이들과 놀아 주는 것도 있을 것이고, 아내 생일도 챙겨야 할 것이다. 내일 고객과 만나는 일도 있을 테고, 지금 당장 어딘가 입금도 해야 하고 등등 사소한 것들까지 다 적어도 괜찮다..

다 적은 다음 절반 하단 부분에 위에 적은 것 중에서 지금 상황에서 가장 중요한 것에 동그라미를 치는 것이다.

예를 들어 우리 소상공인들은 가장 집중해야 할 것이 돈이기 때문에 돈과 연관되는 부분에 동그라미를 치는 것이다. 그리고 돈이 안 되는 일들은 지워나간다. 가족을 버리라는 이야기가 아니다. 철저하게 돈이 되는 것에 집중하라는 뜻이다.

지금부터는 여러분들도 지워나가는 것이 좋다. 바로 빼기를 하라는 것이다. 정말 소중하지 않은 걸 먼저 빼는 것이 중요하다.

지금 철저하게 돈이 되지 않는 일들을 빼야 한다.

만약 사업을 한다면 가장 집중해야 할 것은 돈이고 바로 고객들일 것이다. 고객에 관한 철저한 연구가 곧 돈과 직결될 것이다.

일단 하나에만 신경을 써야 한다.

워런 버핏의 전용기를 10년간 몰았던 플린트와 워런 버핏의 이야기를 읽으면 조금 더 이해가 빠를 듯하다. 플린트의 질문으로 대화는 시작된다.

"어떻게 하면 인생에서 성공에 이를 수 있나요?"

"가까운 미래, 혹은 일생 동안 이루고 싶은 목표 25가지를 적어보게. 그리고 가장 중요하다고 생각되는 5개만 동그마리를 쳐보게."

플린트는 모든 목표가 소중했기에 고심했지만, 결국 5개만 골랐다. 그 이후 워런 버핏은 물었다.

"이제 나머지 20개는 어떻게 할 것인가?"

"나머지 20개도 꼭 해내겠습니다. 저에게는 중요한 목표니까요."

그때 워런 버핏을 소리친다.

"틀렸어. 그 20개는 하지 말아야 할 일이네. 5개의 목표를 이루기 전에는 거들떠도 보면 안 되네."

소상공인들에게도 마찬가지다. 여러 가지 목표가 있을 것이다. 하지만 가장 중요한 것, 즉 돈에만 신경 썼으면 한다. 돈이 흐르지 않으면 나머지도 다 무너지게 된다.

7

# 물건을 팔지 말고 꿈을 팔자

화성에 사는 고객에게 전화가 왔다.

블로그를 통해서 왔든 아니면 다른 경로를 통해서 왔든, 나에게는 중요한 순간이었다.

말 한마디가 정말 중요하다. 보통 사람들은 이럴 때 흔히 제품을 설명하려고 한다. 하지만 나는 당시에 제품설명은 아예 하지 않았다.

"목소리가 정말 밝으시네요. 혹시 대표님이세요?"

그랬더니 대표님이 여자분이었는데 어떻게 알았느냐고 물었다.

"목소리를 들어 보니까요, 목소리에서 포스가 느껴져요."

결국 화성으로 달려가게 되었다.

약 1시간 반 정도 거리였는데 가기 전에 전략을 세웠다.

어떻게 공략할까? 어떻게 관심고객에서 구매고객으로 바꿔 줄까?

그래서 책을 준비했다. 최근에 읽은 책과 내가 제일 좋아하는 책이었다. 책을 갖고 갔을 때는 대화가 너무 쉽게 된다는 것을 알고 있기 때문이다. 그 책이 매개체가 되어 대화를 연결해 준다는 것이다.

당시 '꿈꾸는 다락방'을 갖고 갔는데, 결국은 책에 관한 내용으로 시작했다. 그런데 참 신기한 것은, 그분이 '꿈꾸는 다락방'의 열성 팬이었다.

당연히 코드가 잘 맞았다. 약 1시간을 대화하는데 'R=VD', 이 공식만 가지고 얘기했다. 그리고 제품설명은 기껏 5분이었다.

그다음 전략이 있었다.

집에 오자마자 블로그를 쓰고 앞서 설명한 타깃 마케팅을 했다. 그리고 바로 그분에게 문자메시지를 보냈다. 블로그 내용을 문자로 보냈더니 결국은 2,850만 원짜리 계약이 되었다.

그분이 감동받았다는 내용을 나에게 말씀하셨다.

"내가 서 대표님하고는 계속 일하고 싶습니다. 이런 마인드를 갖고 있는 사람과 정말 그렇게 하고 싶습니다."

결국 그분은 자신의 동생분을 소개시켜 주셨고 현재 18세대가 진행 중이다.

4장

# 고객이 답이다

1

# 한 명부터 집중해야 한다

사업을 하려면 규모와 관계없이 고객층을 분석하지 않을 수 없다. 그렇다면 나의 고객은 누굴까?

나는 지금까지 신축 아파트나 신축 빌라에 포커스를 맞추어서 왔는데, 보수 현장에서는 도움이 안 되었다. 그럼 내 고객은 어디 있을지 항상 반문하고는 했다.

그리하여 사람들을 만날 때마다 적어놓기 시작했다.

첫 번째 고객, 두 번째 고객, 세 번째……. 일기장 쓰듯이 계속 적어 보았다.

이 사람들에게 공통점이 있을까? 이 사람들은 무엇을 통해서 나를 만났을까?

그러다 보니까 이런 정보들을 이제는 수기로 표현하지 말고 조금 더 체계화해서 매뉴얼을 만들어 보자고 마음먹고는 바인더를 활용했다.

이제는 바인더에 고객들의 정보들을 세밀하게 적어놓고 체크해 나가기 시작했다. 그랬더니 이게 약 한 3개월 정도 되니까 이제 뭔가 보이기 시작하면서 자연스럽게 매출도 이어진 것이다.

'나의 고객을 찾아라.'

그 답은 바로 첫 계약에 있었다.

앞서 340만 원의 첫 계약을 맺었었다고 했다. 바로 여기에 답이 있었던 것이다.

지금 원점이라면 제로부터 나아가야 한다. 그 한 명의 고객부터 집중하는 것이다. 누구든 처음부터 10은 힘들다. 그 하나에 집중해야 하며 나 역시 그 원리를 파악할 수 있었다.

340만 원짜리 첫 계약을 하다 보니까 그분과 내가 어떤 연관이 있는지 찾아보기 시작했다. 스스로 소비자와 고객에 대해서 질문하기 시작한 것이다.

여러분은 소비자라는 말을 정말 많이 사용할 것이다.

나 역시 바인더를 쓰다 보니 항상 소비자라고 쓰게 되었다. 고객이란 말보다는 내 창문을 팔아 주는 사람, 내 창문을 쓰는 사람, 내 소비자님, 이런 말들이 익숙하게 떠올랐다.

여러분은 고객과 소비자라는 말 중에 어떤 말이 더 어울린다고 생각하는지 모르겠지만 내 경우는 고객이다.

고객에 대한 관점으로 가야 한다. 소비자는 더 넓은 의미이며, 고객은 나와 직간접적으로 연결되기 시작하는 사람이다.

그래서 나는 첫 계약자인 그 한 분에 대한 고객을 분석하기 시작했다.

저 고객은 나를 왜 찾았을까? 그리하여 시공을 다 한 후에 그 고객과 일 대 일 대면에서 물어보았다.

"고객님, 정말 궁금한데 어떻게 해서 저희 제품을 선택해서 계약해주셨죠? 혹시 저를 어떻게 찾으셨을까요?"

고객에게 질문해야 한다. 외부에서 답을 찾으려고 하지 말고 단 한 명이라도 고객과 연결되어 있다면 바로 그 사람과 대화를 하는 것이다.

한 명이라도 좋다. 그 한 명이 얼마나 소중했는지 설명했을 것이다.

여러분들에게 고객이 열 명 있다면 그건 어마어마한 재산이다.

내가 하는 강의도 처음에는 네 명으로 시작했다. 그러나 그분들이 나중에 연결고리가 되어 더 많은 사람을 소개해 줄 것으로 생각했다.

모든 건 일맥상통한다. 결국 지금은 50명이 넘는 사람들이 강의를 신청하고 들어오고 있다. 현재는 약 3주 만에 110명이 넘어가고 있다.

강조하고 싶은 것은 내 강의를 듣는 사람이 아닌 고객에 대한 개념이 생겨야 한다는 것이다.

다시 한번 강조하지만 한 명부터 집중해야 한다.

2

# 고객을 파악해야 한다

고객에 대한 부분은 여러 가지 용어들이 있지만 여기서는 크게 세 가지로 분류해 잠재고객, 관심고객, 구매고객으로 나눈다.

상품이 있다면 그 상품을 홍보해서 고객을 만들어야 한다. 그리고 그 고객 중에서 구매고객을 만들고, 구매가 이루어지도록 하는 것이다. 여기서 그치지 않고 마케팅을 통해서 그 사람들이 열성 팬이 되도록 만드는 것이 바로 마케팅전략이다. 이를 조금 더 체계화해서 잠재고객과 관심고객, 그리고 구매고객으로 나누는 것이다.

잠재고객은 한 방향으로 줄서기 할 수가 있다.

일단 고객이 왔을 경우 그 사람들은 제품이나 사람에게 관심을 갖고 온 것이라고 보면 된다. 그렇다면 그다음 단계에 해야 할 멘트가 있다.

쉽게 얘기해서 잠재고객들이 처음으로 여러분을 만났다고 생각해 보자. 과연 여러분은 어떤 것부터 할까?

만일 여러분이 꽃을 팔고 있거나, 네일아트를 하고 있거나, 혹은 옷을 팔고 있거나 부동산을 하고 있다면 무슨 말부터 하고 싶을지 듣지 않아도 알 수 있을 것이다.

먼저 나는 엘지 새시 창문을 하는 사람이니까 다음과 같이 말할 수 있다.

"사장님, 엘지 시스템 창호에 대해서 아시는지요? 단열 1등급으로 단열이 우수하며 기밀성이 뛰어나 소음차단이 잘 됩니다. 최고의 창을 오늘 선사해드리려고 합니다."

이 말을 듣고 전혀 감동이 안 될 것이다. 왜 그럴까? 무엇 때문일까?

잠재고객은 처음 나를 만나자마자 스캔부터 하기 때문이다.

저 사람은 혹시 사기꾼이 아닐까, 나한테 제대로 물건을 팔 사람일까, 아니면 시공은 잘해줄 수 있으려나? 만약에 옷을 산다고 가정하면 저 옷은 질이 좋은 것일까, 혹시 나에게 뒤집어씌우는 거 아닐까 하고 의심부터 하기 마련이다.

그럼 어떻게 해야 할까?

내 경우는 고객에 대한 개념들을 바꿔나가기 시작했다.

일단 관심고객으로 만들고 그 관심고객을 구매고객으로 하기 위해서는 제품 설명보다는 신뢰를 쌓는 것이 훨씬 중요하다. 고객과 소통할 수 있는 신뢰를 쌓아야 한다는 것이다. 그것도 순식간에 만들어야 한다.

보통 사람들이 스캔을 뜨는 데 사람들마다 속도가 다르겠지만 7초면 다 파악할 수 있다고 한다.

그래서 처음 만났을 때는 나에 대한 인상과 내 진심이 무언가 고객에게 기꺼이 줄 수 있다는 것을 조성해 줘야 한다. 그리고 관심고객으로 만들게 되면 그제야 제품을 설명하는 것이다.

"저는 제품을 파는 것보다는 우리 고객님이 환경에 딱 맞는 창을 소개해 드리고 싶습니다. 정말 그래서 우리 고객님이 행복했으면 좋겠습니다."

제품 설명보다는 더 낫지 않을까?

그러니까 고객들이 '아, 이 사람은 좀 다르구나.' 하는 것이다. '다른 사람들은 제품을 설명하는데 이 사람은 나에 대해서 물어보네.' 하며 기뻐하며 구매고객이 되는 것이다.

그리고 구매고객이 만들어지면 이제부터 정말 관리가 중요하다. 열성 고객으로 만들어야 하는 것이다.

고객의 머릿속으로 들어가 보자.

여러분도 제품을 판매하기 전에는 누구에겐가는 고객이다. 식당에 가면 고객 대접을 받지 않는가? 국수를 파는 사장님도 마찬가지로 처음에는 고객이었다가 이제는 파는 입장, 바로 생산자가 되고, 그러다 보니까 고객의 입장에서 생각하기 시작하는 것이다.

'고객이 뭘 필요할까, 고객 관심사는 뭘까, 고객이 쓰는 언어는 어떤 것일까, 그럼 관리는 어떻게 할까?'

이렇게 생각하고 연구하는 것들이 앞으로 열성 고객을 만들어가는 데 정말 중요하다.

고객들의 관심은 내 관심과는 전혀 다르다는 것을 알아야 한다. 하다못해 쓰는 언어도 다르다고 보면 된다.

여기서 한 예를 들어보기로 하자.

나는 창문을 팔다 보니 내 언어로 쓰고 있다. 새시란 말은 너무 촌스러워서 쓰기 싫어 '고품격 창호'라는 말을 썼다. 새시라는 말보다 창호 그것도 시스템 창호라고 쓴 것이다. 그런데 고객들은 창호라는 말이 잘 이해가 안 돼 새시라고 이야기한다. 고객들은 그게 더 편한 것이다. 그렇다면 누구 언어로 맞추어야 할까? 말할 여지도 없이 당연히 고객의 언어로 자신의 언어를 바꾸는 것이다.

나도 이제 새시로 바꾸었다. 새시업체이고 새시장이이다.

이런 말들이 더 쉽게 다가가는 것이다. 고객을 넓혀 가는 것이 아니라 내 고객을 좁혀 나가야 살길이 열린다.

소상공인들은 넓히는 게 능사가 아니다. 대기업이 아니고 돈도 많이 들어야 하니까 자신이 최대한 할 수 있는 것, 고객에게 집중할 수 있는 것이 가장 중요하다. 그래서 고객의 머릿속으로 들어가야 한다.

## 3
# 고객층을 정해야 한다

이 세상에는 소형차를 타는 사람, 중형차를 타는 사람, 또 대형차를 타는 사람이 있듯이 취향이나 성격 등도 다 다르다. 그러나 어떻게 하든 모든 것을 다 집약해서, '나는 소형차부터 대형차까지 다 팔겠어.' 하고 마음먹어도 생각처럼 간단한 문제가 아니다. 따라서 자신이 집중할 수 있는 고객층을 정해야 한다.

나는 처음에 새시를 하면서 교체 부분에는 전혀 관심이 없었다. 그런데 시간이 지나면서 나만의 노하우를 갖게 되었다. 특히 신경을 쓴 곳은 노후 된 아파트이기는 하지만 현재 어느 정도 된 생활 수준에 있는 사람들을 생각한 것이다. 더 나아가 지역까지 생각하게 되었다.

일단은 지역부터 나누었다. 먼저 어디부터 공략하는 게 좋을까?

나는 고객을 지역별로 나누어서 집중할 수 있는 지역은 어디일까 생각해보았다. 일단은 가까운 목동 쪽과 강남 쪽에 집중하기 시작했고, 그다음 환경을 생각했다. 어느 정도 환경에 있는 사람들이 좋을까? 그리고 지역도 지역이지만, 아파트가 노후 된 환경을 가진 아파트를 찾아보기로 했다.

좀 더 세분화시켜 간 것이다.

그다음으로 생각한 것이 그 사람들의 생활수준이었다.

그렇다면 얼마를 책정하면 좋을까? 고심 끝에 얻은 결론은 천만 원이 기준이었다. 그 이상 되는 것도 있겠지만 천만 원의 수준에서 왔다 갔다 하면 될 것 같았다. 그러니까 900만 원에서 1,500만 원 사이로 본 것이다.

물론 처음에는 생각처럼 되지 않았다. 그리하여 우물을 파기 시작했다.

물은 고이는 곳이 있고 고이지 않는 곳도 있다. 따라서 우물을 파는 것이 중요하다. 일단 우물을 파놓으면 물이 모여들기 시작하기 때문이다.

빗대어 설명했지만 블로그도 한 우물이 될 수 있다.

우리는 비대면 시대에 살고 있기에 온라인 세계의 우물을 파야만 한다. 나만의 고객층이 모일 수 있는 우물을 파놓으면, 고객들이 모여들기 시작하기 때문이다.

여러분들이 소상공인 지식 플랫폼에 관심이 있다면 이 개념을 꼭 알아야만 한다.

그리고 우물을 파서 물이 나오지 않는다면 누누이 설명한 타깃 마케팅이라는 방법을 써야 한다.

앞에서 설명한 대로 나의 고객을 찾아야 한다.

자신이 쓴 바인더를 여러 번 보다 보면 집중되는 부분들이 보이기 시작한다. 그럼 자료를 분석하고 과연 집중해야 할 고객층이 누구인지, 파악하게 되고 이제 마케팅전략이 세워지게 된다.

원점에서는 힘들었지만 고객들이 형성되기 시작하면서 집중해야 할 고객층과 그 스펙트럼이 보이기 시작하는 것이다. 그때 그분들이 좋아하는 언어와 찾는 물건들, 관심사는 무엇인지를 뚫고 들어가는 것, 이것이 바로 마케팅전략이다.

처음에 목표를 설정하기란 너무 어렵다. 그런데 내가 현장에서 직접 경험하다 보니까 이제 목표치가 결정되기 시작했다. 마치 1차 변곡점, 2차 변곡점, 3차 변곡점을 세우는 것처럼 목표가 자꾸 높아지기 마련이다.

나는 지금 2억 매출을 바라보고 있다. 한 달 매출 2억을 목표로 삼았을 때 그때는 또 주문을 외운다. 반드시 된다는 확신으로…….

4

# 고객층을 좁혀야 한다

"저는 우리나라 사람 누구에게나 제품을 팔고 싶습니다. 그러면 많이 팔지 않겠습니까?"

가끔 이렇게 질문하는 예도 있지만, 소상공인이라면, 그리고 이제 사업을 시작하는 경우라면 반드시 지역을 좁혀나가야 한다. 그래야 고객들이 보이기 때문이다. 그렇다고 이제 서울로만 한정해서도 안 된다. 서울보다 더 좁혀서 한다.

나 같은 경우는 제품이 제일 잘 팔리는 강남권과 목동권 이렇게 지역을 좁혀 나가다 보니까 고객들이 보이기 시작했다.

고객들을 전국으로 만들면 좋기는 하다. 그런데 반문해보자. 만일 전국에 있는 고객들이 다 몰린다고 가정했을 때 어떤 일이 생길까?

당연히 소화가 안 된다. 우리 소상공인들은 아직은 대기업이 아닌 1인 기업이 대부분이다. 우리 업계에서 직원들이 한 열 명 정도만 돼도 대단하다고 여긴다. 그런데 대부분 그 정도도 안 된다. 따라서 우리는 대기업처럼 움직일 수 없고, 대기업처럼 광고도 할 수도 없다. 더더구나 인터넷에 광고할 수도 없다. 돈이 그만큼 필요하고 또 그만큼 있지도 않으니까 말이다.

그래서 지역을 나누어 아주 세밀하게 들어가야 한다.

나는 목동과 강남 쪽을 집중적으로 신경 쓰다 보니 대치동 은마아파트 쪽이 제격이었다. 앞에서도 강조했지만 그다음에 환경도 중요하다.

따라서 환경으로 말하자면, 은마아파트에 사시는 분들은 아파트가 노후화되어 불편한 점이 한두 가지가 아니다. 재개발은 안 되고 더 살자니 창문이 너덜너덜해서 교체해야만 한다. 결국 그 사람들은 창문을 바꿀 수밖에 없는 환경이었던 것이다.

그런 부분을 집중적으로 공격해나가야 한다.

내가 처음 1억짜리 새시를 계약할 때 비즈니스 모델은 신축아파트였다. 그때는 한 번 계약하면 그다음 2~3억씩 수주가 들어오는 것이 어렵지 않았다. 그러나 지금 그게 안 된다. 그럼 새로운 스펙트럼을 다시 점유해야 한다. 그리하여 내가 작년에 스펙트럼을 점유한 것은 노후화된 아파트의 새시 교체였다.

그다음에 그 어떤 것보다 고객 수준도 중요하다.

세입자한테 이 제품을 팔 수는 없을 것이다. 그렇다면 건물을 소유하고 있는 사람이다. 그렇다고 그분들이 다 고객층은 아니며 다시 정확하게 그 수준을 파악해야 한다.

나는 40대에서 60대, 그보다 더 세밀하게 들어가 50대 고객층을 만든 것이다. 40대에서 50대라고 하면 막연하다. 게다가 남자도 있고 여자도 있기 마련이고 생활 수준도 다 다르다. 따라서 30대 주부 아니면 40대 주부 그리고 조금 더 세밀하게 들어가서 주부들이 좋아하는 언어를 선택해 공략하는 것이다.

그리고 이제 광고로 들어가 SNS에 대한 부분을 활용하는 데에 대한 것들이다.

마찬가지로 SNS에서도 그분들이 쓰는 단어들이 있기에 그 부분을 집중적으로 공략해야 한다. 현재 노후화된 아파트에 대한 부분은 기본이고, 창문 구매를 결정하는 고객의 70% 이상이 주부들인 것을 감안해 그 부분을 집중하는 것이다.

예를 들어 주방은 거의 주부들이 사용하는 공간이고 주방의 창문들은 모두 비슷하다. 그러다 보니까 주부들은 그렇지 않아도 좋일 집에 있다 보니 답답한 터에 밖을 내다보기 힘들어서, 시스템 창을 설치하게 되면 주방이 마치 한 폭의 그림과 같이 만들어진다고 설명하는 것이다. 그럼 이 얘기가 먹혀들어 가면서 주부들은 거기에 몰입하게 되는 것이다.

5

# 잠재고객을 확보해야 한다

잠재고객은 아직 내 고객이 아니며 마치 공중에 떠다닌다고 봐야 한다. 예전 같으면 내 발로 찾아가서 고객들을 만나면 되었지만, 이제는 공중에 떠다니는 고객들을 만나야 한다. 그럼 어떻게 해야 할까?

잠재고객은 뭔가 연결 다리를 만들지 않으면 안 된다. 그런데 그 다리가 오프라인이 아니라 이제는 온라인 상태로 이제 만들어 놓아야 되며, 그 온라인에서 잠재고객을 찾아서 관심고객으로 만드는 것이다.

관심고객은 제품을 보고 들어오지만 제품뿐만 아니라 제품을 파는 사람까지 하나하나 분석하기 시작하며 그 단계가 바로 관심 단계이다. 즉 관심고객인 것이다.

우리 사람의 뇌는 더듬이 같은 안테나가 있다고 한다. 우리가 보이지 않는 더듬이가 있어서 만일 물건을 사러 간다면 제품을 보는 것이 아니라 그 제품을 판매하는 사람을 본다는 것이다. 그럼에도 불구하고 우리는 제품을 팔 때 우선 나를 소개하는 것보다는 제품 설명을 멋있게 하려고 한다.

그러나 이제 우리는 잠재고객을 관심고객으로 끌기 위해 제품에 대한 설명보다는 나라는 브랜드, 즉 나를 팔아야 한다.

하지만 상대방으로 하여금 나를 각인시켜 대화가 되도록 하는 시간, 즉 그 안테나로 나를 분석할 수 있는 시간을 줘야 한다. 어떤 사람들은 5분 안에 이루어질 수도 있고, 어떤 사람들은 1시간, 1일, 나아가 3일 정도도 될 수 있다.

그다음 관심고객이 만들어졌으면 이제부터는 제품을 팔아야 한다. 관심고객이 만들어졌다는 것은 이제 어느 정도 신뢰가 쌓였다는 증거다. 그럼 이제 당연히 제품에 대한 설명이다. 이 부분은 정말 퀄리티 있게, 프로페셔널하게 설명해야만 한다. 그럼 고객은 구매하고 난 다음에 다음과 같이 생각하게 된다.

'아, 이 사람은 물건을 팔지만 그래도 자신의 말처럼 속이지 않는구나. 다음에도 이 사람한테 사야겠다. 아니면 다음에 주변에 누군

가가 있으면 소개해 주고 싶다.'

이런 마음이 되도록 만드는 것이 구매고객에에 해야 될 내용이다. 결코 구매했다고 끝난 것이 아니다. 구매고객을 2번 3번 재구매가 일어나게 하고 소개가 이루어지도록 하며 그다음에 열성 팬으로 만들어야 한다.

내 목표는 1,000명의 고객을 열성 팬으로 만드는 것이다. 천 명만 있으면 대기업 저리 가라이며 매출은 부러울 것이 하나도 없다. 열성 고객들이 적어도 괜찮다. 비록 한 명이라도 괜찮다. 한 명이 두 명을 만들고, 두 명의 고객이 4명을 만든다. 그러니까 처음부터 100명이라는 고객에 집중할 필요는 없고 단 한 명이라도 먼저 분석해야 하는데, 분석하기 전에 기록할 것이 있다.

앞에서 일기장이라 표현했었다. 바로 고객의 스펙트럼이다.

켄윌버의 '무경계'란 책을 인용하면서 하나의 콘셉트가 만들어졌는데, 마치 의식에 스펙트럼이 있는 것처럼 고객층도 스펙트럼이 있다는 것이다.

간단히 얘기하면 BMW를 타고 싶은 사람에게 가서 아무리 우리 차가 좋다고 설명해도 먹히지를 않는 것과 같은 이치다. 그다음이 바로 전에 설명한 고객이 사는 지역이다.

6

# 신뢰를 쌓아야 한다

'신뢰를 측정하라.'라는 말을 처음 들어볼 것이다.

내가 지금까지 연구하고 계속 공부했던 것이 바로 '어떻게 신뢰를 높일 수 있을까?'이다.

신뢰는 총 4가지로써 첫 번째는 신뢰의 개념, 두 번째는 신뢰의 단계, 세 번째는 신뢰의 루틴, 그다음에 마지막으로 신뢰의 도구이다.

우리가 사업을 할 때 워라벨이란 표현을 많이 쓰는데 다시 얘기하면 가족들, 그다음에 회사와 밸런스를 맞추어야 된다는 것이다. 그런데 이게 말처럼 쉽지 않다. 그러나 '가화만사성'이라는 말처럼 집에서 먼저 밝은 마음으로 시작해야 회사에서도 긍정적이고 활기찰 수가 있다. 여기에서 가장 중요한 것이 가족들과의 신뢰이다.

신뢰라는 단어는 크게는 역량과 성품으로 나눌 수 있는데 이 단어를 쪼개보면 자신이 정말 신뢰가 있는지 없는지 구분이 되기 시작한다.

성품은 보이지 않는 부분으로 나무로 따지면 뿌리와 줄기와 같은 것이다.

성품과 역량을 조금만 더 쪼개보자.

성품은 성실성과 진실성을 말하며, 역량은 가지와 같은 영향력, 그리고 열매와 같은 결과물이라고 할 수 있다.

그렇다면 가족들과의 신뢰는 어떻게 쌓을 수 있을까? 더 나아가서 직장 동료들, 또한 고객들과의 신뢰는 어떻게 형성될까?

막연하게 가족들과 직장 동료들, 그리고 고객들과 신뢰가 있다고 생각했는데, 분석해보니, 상대편이 나를 볼 때는 신뢰가 없어 보일 수도 있다는 것이다. 결론부터 얘기하면 보이지 않는 부분을 두드리게 되면 신뢰감의 형성 속도가 붙기 시작한다.

우리가 한 번에 역량, 다시 얘기해 능력을 최고치로 발휘하기란 정말 힘들다. 그러나 성품은 마음만 먹으면 언제라도 바꿀 수가 있다.

성실성과 진실, 신뢰를 한꺼번에 다 쌓을 수는 없지만, 성품 중 성실과 진실성만으로도 고객들과 소통을 할 수 있다. 그럴 때 잠재고객은 관심고객이 되고, 관심고객은 구매고객에 되며, 구매고객은 더 나아가 열광 고객, 즉 단골고객이 된다는 것이다.

이제 신뢰의 개념에 대해 알아보자.

## 신뢰의 개념

마음은 어디 있을까?

고객들을 움직이는 마음은 머리에 있다. 여러분은 이것을 꼭 기억해야 한다.

고객들은 내 가슴에 반응하는 것이 아니라 뇌에서 반응한다. 그것이 바로 뇌가 연관되어 있는 오감이다. 바로 시각, 후각, 미각, 청각, 촉각, 이 다섯 가지 감각에 의해 신뢰라는 부분이 우리 뇌에 정보로 쌓이게 된다.

하지만 많은 사람들이 이 부분을 놓치지만, 전문가들은 매우 중요하게 생각하며, 현재 사업을 하고 있다면 이 개념을 완전히 이해해야 한다.

신뢰는 머리에 있다.

오감 중 가장 많은 데이터가 들어오는 쪽이 눈, 즉 시각이다. 그다음은 청각이다. 내가 강의를 할 때 여러분들이 나를 바라보면서 제일 먼저 얼굴을 먼저 보고(시각) 그다음에 내 목소리를 듣는다.(청각)

이 목소리와 얼굴을 매칭하면서 '와, 이 사람은 신뢰가 있어 보인다.' 라고 여러분들이 일차적으로 분석하는 것이다. 내가 이렇게 설명하니까 여러분들이 '그렇다.'라고 이제야 인지하게 된다. 그리하여 이제부터는 머리로 다섯 가지 감각 기관을 어떻게 자극할 것인가를 생각해야 한다. 당연히 가족뿐만 아니라 고객들까지 말이다.

신뢰의 개념에서 가장 먼저 우선돼야 하는 것이 진심이다.

진심은 어디를 가든지 통한다. 지금 이 책을 읽고 있는 여러분도 이 책의 저자가 어떤 사람인지 대략 느낌이 올 것이다. 만일 직접 대면하는 횟수가 많아지다 보면 말을 통해서 상대방이 어떤 사람이라는 걸 하나하나 읽어나갈 수 있다.

그러나 아무리 오감이 발달했다 하더라도 단 한 번에 상대방을 파악할 수는 없으며 아직은 시간이 필요하다. 고객들과 소통할 때도 마찬가지로 시간이 필요하다. 그 시간이 곧 신뢰를 쌓을 수 있는 시간이며, 제품을 구매하도록 유도할 수 있는 시간이지만, 그 시간은 길지 않다.

고객들과의 대화에서 7초 만에 모든 게 결정될 수 있다. 좀 길다 싶으면 1분, 더 긴 시간이라 해도 고작 7분이다. 이 시간에 고객들과 대화하면서 여러분의 신뢰를 축적하고, 또한 신뢰를 전달해야 한다.

그럼 어떻게 그 짧은 순간에 고객들을 내 고객으로 만들 수 있는지 설명하겠다.

짧은 순간에 고객들과 신뢰를 형성할 수 있는 방법, 그중에서도 나는 진심과 의도적 신뢰라고 표현하는데 진심이 기본이라고 본다. 그다음에 의도적 신뢰라는 것은 우리가 테크닉을 집어넣는 것이다. 그러나 이 역시 진심이 묻어나지 않으면 안 된다.

## 신뢰의 단계

이제 신뢰의 단계에 대해서 알아야 한다.

앞에서 설명했듯이 고객은 잠재고객, 관심고객, 구매고객, 단골고객 등 4가지 단계로 나눈다. 그중에서도 잠재고객은 이미 알고 있을 것이다. 따라서 이제는 잠재고객을 관심고객으로 만드는 것이 중요하며 바로 이것이 기술이다.

아무리 진심으로 얘기하고 멋진 목소리로 얘기한다고 할지라도, 기술이 없으면 잠재고객을 관심고객으로 만들지 못한다. 진실성도 중요하지만 기술을 발휘할 단계는 관심고객으로 만들 때이다.

내가 쓰는 방법은 블로그였다. 미리 블로그를 만들어 놓고 고객에게 문자를 전달해 주면 그 짧은 순간 서로 대화를 하지 않았더라도 블로그를 통해서 나를 분석하기 시작한다.

고객들은 우리가 파는 물건이나 제품을 쉽게 사 주지 않는다. 제품을 파는 사람이 진실한가를 먼저 확인하고 난 다음 제품으로 들어가는 것이다.

나는 새시를 파는 사람이다. 바로 창문을 파는 사람이다.

한번은 삼성동 쪽에 있는 파크 아파트로 갔는데 한 고객이 전화가 왔다. 그 순간 나는 어떻게든 고객을 설득해야만 한다. 그리하여 우리 제품을 소개한 것이 아니라 인사부터 했다.

"혹시 불편하신 것이 있습니까? 도와 드릴 내용이 뭔지요?"

이 질문이 오늘의 핵심 내용일 수도 있다. 고객들과 대화할 때 첫마디를 어떤 대화로 이끄느냐에 따라서 그 대화가 7초 만에 끝나느냐, 1분에서 끝나느냐가 결정되기 때문이다. 그다음 대화는 무엇일까?

나는 이 멘트가 메뉴화되어 있다. 먼저 물어보는 것이다.

"불편하신 사항이 뭐죠? 지금 어떤 부분이 불편하세요? 혹시 단열이 안 되나요?"

이런 대화를 먼저 꺼내면 그다음 대화는 자연스럽게 연결된다.

그럼 이번에 새시를 고칠 예정이라든가 혹은 이사할 예정이라는 말을 듣게 되고 많은 대화를 이어 가게 된다.

"아, 그럼 어디에 사십니까? 삼성동이오? 새시 전체를 교체해야 합니까? 그러면 제가 직접 방문해서 창문을 실측, 즉 현장을 방문하면 정확한 답이 나옵니다. 대부분 고객분은 사이즈 비교 등 비교 견적만 하시려고 하지만, 제 경우는 실질적으로 그 현장에 딱 맞춤 창을 해 드립니다. 싼 창보다는 합리적으로 딱 맞는 창을 하셔야죠."

이렇게 말을 건네면 그 고객은 비로 현장으로 와 달라고 부탁한다. 그럼 이제 주소를 살펴보고 현장으로 가게 된다.

비대면에서 대면으로 되었고, 이제 그 관심고객이 구매고객으로 가는 단계가 되었다. 신뢰가 형성되는 단계인데 그 사이에 또 뭘 해야 할까.

고객과 만나려면 1시간 정도가 남았으니 그 시간에 고객에게 SNS 문자 블로그를 보내드린다. 그때 고객은 내가 보낸 문자를 확인하게 된다.

'최고의 시공으로 보답하겠습니다.'

고객은 블로그를 보기 시작한다. 약 1시간 동안 나를 검색하기 시작하는 것이다. 그 블로그로 읽다 보면 나라는 사람이 어떤 사람인 걸 알게 되고, 구매단계에서 신뢰가 형성된다. 그리고 그다음이 단골고객으로 만드는 것이다.

삼성동 그 사모님은 다음과 같이 말씀하셨다.

"서 부장님은 다른 사람들과 달랐어요."

그 말씀에 대한 질문도 중요하다. 뭐가 달랐는지 직접 물어보는 것이다. 고객들이 나에 대해서 어떻게 신뢰가 쌓였는지 점검하는 것은 매우 중요하다.

나는 이것들을 노트로 만들어 놓았다. 바로 고객들과 대화했던 노트이며 매뉴얼이다. 고객들과 대화할 때 고객들이 어떤 말에 움직이며 반응하는지 적어둔 것이다. 이것은 정말 중요하다.

고객들에게 어떤 말을 썼을 때 고객들이 움직인다는 것, 거기다 숫자로 하나씩 신뢰의 숫자를 적용하기 시작하는 것이다. 그러면 이제 어느 정도 알게 된다. 늘 쓰는 말만 쓰면 된다. 왜냐하면 고객들은 똑같은 말이지만 그 말에 반응한다.

내가 제일 많이 쓰는 말은 '감사합니다.'라는 말이다. '감사합니다, 고맙습니다, 혹시 불편한 거 없습니까? 언제든지 연락해주십시오.'

라고 하면 고객들은 그 말에 반응한다.

"불편하신 일이 있으시면 언제든지 연락해 주십시오."

누구나 이 말을 너무 좋아한다. 그리고 그 고객들이 나에게 했던 말은 다음과 같다.

"다른 사람들은 와서 물건 팔기에만 급급했는데 서 부장님은 다르네요. 제품을 이렇게 설명해 주는 사람은 처음 봤습니다."

여러분들도 이처럼 하면 된다. 당연히 관심고객을 구매고객으로 만드는 것도 중요하지만 더 신경 써야 하는 것은 단골고객을 만들어 나가는 것이다.

진심과 기술을 하나로 만들어야 지속력이 있다. 진심과 기술이 합쳐진다면 단골고객이 가능하다는 얘기다. 일회성으로 끝나서는 안 된다. 한번 계약하면 끝이라고 생각하는 사람들이 많은데, 그런 사람들은 사후관리를 안 해주기 마련이다. 이는 정말 위험한 발상일 뿐만 아니라 어느 정도 시간이 지나면 곧 바닥이 되고 만다. 조금 힘들더라도 천천히 가는 것이 빨리 가는 것이다. 꼭 기억하기 바란다.

벤치마킹을 하려고 미용실에 갔다.

빌 비숍의 '핑크펭귄'이라는 책을 보면 항상 특이한 사람들이 있고, 특이한 영업 방법들이 있다. 나는 그것을 배우러 간 것이다.

자리에 앉자마자 편안함이 다가온다. 자리 배치는 물론이고 샴푸를 4번 하는데 머리의 부분마다 해 준다. 그리고 내 머리를 만지면서 어떤 스타일인지 먼저 알고, 내 마음을 맞춰주면서 분위기가 연출이 된다.

곧 음악이 흘러나오고 품격있는 언어들을 쓴다. 아직도 그 뜻을 잘 모르겠지만, 뭔가 전문적인 언어를 쓴다. 그 전문 용어를 쓰며 고객들과 소통하는데 너무 멋있어 보였다. 중요한 것은 그다음이다.

두 번째 갔을 때는 이미 나를 파악한 것이다. 원장님 이하 직원분들도 고객들과 대화하면서 고객에 대한 정보를 다 기억하고 있었다.

"고객님, 자녀가 두 분 계시죠? 큰딸은 잘 있나요?"

이럴 때 여러분 기분이 어떨까? 이렇게 나를 알아주었다.

"우리 고객님 스타일은 항상 앞머리 쪽이 삼자로 되어있으니까 이

쪽에 힘을 좀 더 줘야 하겠네요."

두 번째인데도 다 알아서 해주었다. 나는 가만히 앉아 있기만 하면 되었다.

너무 편했고 단골이 되었다. 그뿐이 아니다. 그다음에는 우리 아이들도 다 데리고 갔다. 금액이 싸지 않은데도 너무 좋았고, 이렇게 딱 맞게 해 주는 미용실은 처음 보았다.

우리는 바로 이런 것을 배워야 한다.

식당도 마찬가지이다.

한 선배님이 '고기리 막국수'를 소개해 주기에 또 공부하러 갔다.

나는 항상 잘되는 집을 벤치마킹하고, 배우려고 한다. 그리하여 나는 그곳을 연속 3번이나 갔다. 식사만 하러 간 것이 아니라 식당이 어떻게 움직이는지 공부하고 벤치마킹하기 위해 갔다.

그런데 아니나 다를까, 고기리 막국수집은 모든 것이 매뉴얼화 되어있었다. 마치 펭크펭귄뿐만 아니라 빌 비숍의 '관계우선의 법칙' 등에서 강조하는 모든 것들이 그 식당에 함축되어 있었다.

영업에서 가장 중요한 것은 줄서기이다. 인기척, 즉 오가는 사람들이 많다는 것은 단골이 많다는 것을 알려 주는 것이다.

줄서기는 바로 영업의 첫 단계이다.

그런데 줄서기를 하면 고객들은 어떤 마음이 들까.

'우와! 벌써 26번째, 30번째네. 나도 빨리 접수해야 되겠다.'

이런 마음이 먼저 들 것이다.

이 식당도 줄서기를 했고 내가 갔을 때는 406번이었다. 몇 분을 기다려야 할까? 11시 정도에 '이 정도면 느긋하게 먹을 수 있겠지.'라며 미리 갔는데, 벌써 줄 선 사람이 내 앞에 많이 있고, 40분을 대기해야 한다고 했다. 이럴 때 어떤 마음이 들까?

처음에는 짜증이 날 수도 있을 것이다. 하지만 '좋은 식당이구나! 이렇게 하니까 사람들이 모여들지.'라고 생각하게 된다. 그런데 여기서 다가 아니다.

휴식 공간이 달랐고 그곳에서 기다리는 40분 동안 지루하지 않았다. 왜 그럴까?

음악 소리와 중간에 티타임도 가질 수 있는 공간, 화장실 등 하나하나 분위기들이 연출돼 있었다. 잔잔한 피아노 소리가 들리면서 나도 모르게 마음이 편안해졌다. 곧 번호가 호명되고 이제 막국수를 먹을 수 있겠다고 생각하면서 들어가는데, 벌써 직원들은 다 체계화돼 있었다. 마치 매뉴얼을 하나하나 읽듯이 배우고 온 것이다. 직원들은 솔직히 그 단어를 모를 수도 있지만, 사장님은 잘 알기 때문에 이걸 매뉴얼화한 것이다.

첫 번째 질문은 어떻게 해야 하나? 이것을 하나하나 매뉴얼북에 다 적어놓았다. 그리고 직원들에게 똑같이 하도록 했다. 그분들이 그 매뉴얼을 그대로 외우도록 만들어 놓은 것이다.

나는 그것을 느낄 수 있었다. 이것을 잘 모르는 사람들은 아래와 같이 말할 것이다.

"야! 이 식당은 대단해. 내 마음을 딱 알아주네. 기분이 좋아."

우리는 식당에 가게 되면 항상 어느 자리에 앉아야 할지 잘 몰라서 두리번거리며 주저하기 마련이다. 그런데 그곳은 '2번에 앉으세요, 3번에 앉으세요. 우리 고객님은 여기가 창가 쪽이라 딱 좋아요.'라고 일일이 안내해주는데 너무 좋았다.

"혼자 오셨군요, 이 자리에 앉으세요. 주문은요? 저희 집, 주메뉴는 이와 같습니다."

처음이니까 내가 뭘 먹어야 될지 잘 모르지만, 데이터 분석을 해주는 것처럼 '저희 집에서 제일 인기 있는 제품은 들기름 막국수입니다.'라는 식으로 안내해주니 마치 내가 대우를 받는 느낌이 들었다.

그다음에 음식 모양도 마치 뭘 연상시키는 느낌이랄까 뭔가 품격이 느껴지고 사후관리 또한 너무 잘해주었다.

다 먹고 난 다음에 나올 때는 '다음에 오시면 이런 부분은 이렇게 됩니다.'라고 설명을 해주었다.

이것이 신뢰의 루틴이며 여러분들도 처음부터는 안 되더라도 하나씩 해 나가야 한다.

호텔도 마찬가지이다. 어떤 호텔에 가면 기분이 좋은데 어떤 호텔은 기분이 너무 안 좋다.

기분이 좋은 호텔은 벌써 들어설 때부터 음악 소리뿐만 아니라 내가 어디로 가야 할지 하나하나 흐름에 따라서 안내해주고 있다. 매뉴얼이 있는 호텔과 없는 호텔의 차이점이다.

매뉴얼이 있는 호텔은 고객들이 어떻게 해야 하는지를 미리 다 알고 있다. 정보를 어떻게 파악했는지 모르지만 내가 뭘 마실지도 알아챘다.

아침에 일어나서 커피 한잔 먹고 싶은데 갑자기 커피가 보글보글 끓고 있으면서 냄새가 나기 시작한다면 어떤 느낌이 들까? 향기로운 커피 냄새와 더불어 직원이 커피를 준비해준다면 이때 기분이 어떨까?

아마도 다시 오고 싶을 것이다.

이게 루틴이다.

친절은 그 고객에 대한 정보를 미리 파악을 하는 것이다.

호텔에 가면 처음 가는 호텔이 있고 두 번 세 번 가는 호텔이 있다. 이렇게 가다 보면 데이터가 쌓이고, 자주 가는 호텔에는 나에 대한 정보들이 있다.

심지어 렌트카도 늘 사용하는 회사를 이용하다 보니까 그 사람들이 내 정보를 알고 있기에 어렵지 않게 예약을 할 수 있다. 이런 것들이 또한 신뢰의 루틴이다.

## 신뢰의 도구

그다음이 신뢰의 도구인데, 정말 중요한 개념이고 많은 시간이 필요할지도 모른다.

내가 쓰는 신뢰의 도구는 트러스트 휠이다. 즉 고객을 이끄는 전략적 언어, 불편함, 해결 목록을 만들어 놓았다. 그리고 단계별 언어를 만들어 놓고 그냥 사용하는 언어 바인더를 별도로 만들어 놓았다. 그다음에 시각을 끌 도구들, 제복화 즉 직원들의 제복으로, 직원들은 언제나 제복을 입도록 했다. 제복화가 되어 있다면 고객들은

'전문적이구나, 역시 프로페셔널하구나.'라고 생각할 것이다.

제복뿐만 아니라 고객들을 처음 만날 때 샘플을 미리 준비하고 고객에게 맞는 바인드를 갖고 가서 고객이 질문하기 전에 미리 펼쳐놓으면 고객들은 '와, 이 사람은 전문가다.'라고 생각하게 된다.

내가 만났던 고객들은 다 똑같은 말씀을 하셨고 심지어 어떤 분들은 강의도 하느냐고 물었다.

설명을 안 해도 되도록 만들어 놓는 루틴, 즉 도구들이 꼭 필요하다. 나는 이것을 트러스트 휠이라고 부른다.

그럼 신뢰를 어떻게 하면 숫자로 할 수 있을까?

나는 신뢰라는 단어를 성품과 역량으로 나누었다.

보이지 않는 성품은 나무뿌리와 줄기와 같은 부분, 그리고 역량은 능력과 결과 같은 부분이다. 그런데 하루아침에 역량을 늘려가기는 힘들기 때문에 오늘 당장이라도 할 수 있는 것은 성품을 개선하면 신뢰가 높아진다는 것이다. 특히 고객들을 상대할 때 아주 효과적인 방법을 생각해보자.

일단 원 모양으로 적는데, 이를 가족 간의 신뢰로 생각해 적어보자.

나는 8칸으로 만들었는데. 더 많이 만들어도 된다. 단어는 직접 선택하면 된다. 내가 선택한 것은 경청, 존중, 장단점 보기, 개선 여부, 가족과 식사, 관심 표현, 가족과 여행, 가족과 전화 등이다.

'가족 간의 신뢰를 어떻게 하면 높일 수 있을까.'라는 것을 수치화해서 만들어 놓은 것이다. 그중에서 가운데를 0점으로 보고 바깥 쪽을 10점으로 매겨 그어 나가면 된다. 그중에서 점수가 제일 작은 거부터 실행하면 신뢰가 높아지는 것이다. 여러 가지를 한꺼번에 하려고 하지 말고 점수가 제일 낫고 내가 할 수 있는 것, 현재에서 미래로 어떻게 바꾸어 나갈 것이 어느 것인지, 그곳에 신경을 쓰는 것이다. 그다음에 실행할 것, 단시간 내 실행, 장해요인 찾기, 그다음 확인할 장치, 그리고 피드백에서 다시 미션을 수행하는 것이다. 지금 당장 개선할 수 있는 게 무엇인지를 찾아내면 된다.

내 인생의 신뢰 수레바퀴를 만들어 우리 가족들과의 관계에 있어서, 내가 남편으로서 아빠로서 어떤 부분이 부족한가를 측정해 보았다.

신앙에 대한 부분, 남편의 역할, 아빠 역할, 경제적인 것과 건강, 그리고 자기 계발 등 나름대로 점수를 매겨 봤더니 장려상이었다. 다 좋은데 직장과 경제 부분이 너무 안 좋았다.

그래서 이 부분에서 내가 집중하면 되겠다고 생각했다. 그런데 그 당시에 할 수 있는 부분이 그다지 없었지만, 굳이 하나를 선택하다 보니 남편 쪽이었다.

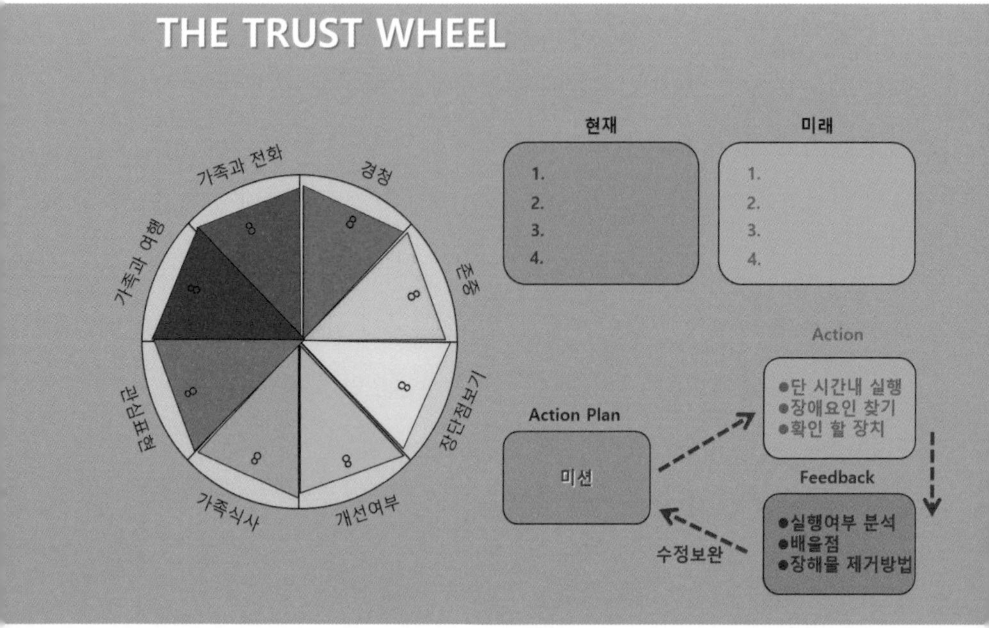
THE TRUST WHEEL
가족과 전화
경청
존중
장단점보기
개선여부
가족식사
관심표현
가족과 여행
현재
1.
2.
3.
4.
미래
1.
2.
3.
4.
Action
●단 시간내 실행
●장애요인 찾기
●확인 할 장치
Action Plan
미션
Feedback
●실행여부 분석
●배울점
●장해물 제거방법
수정보완

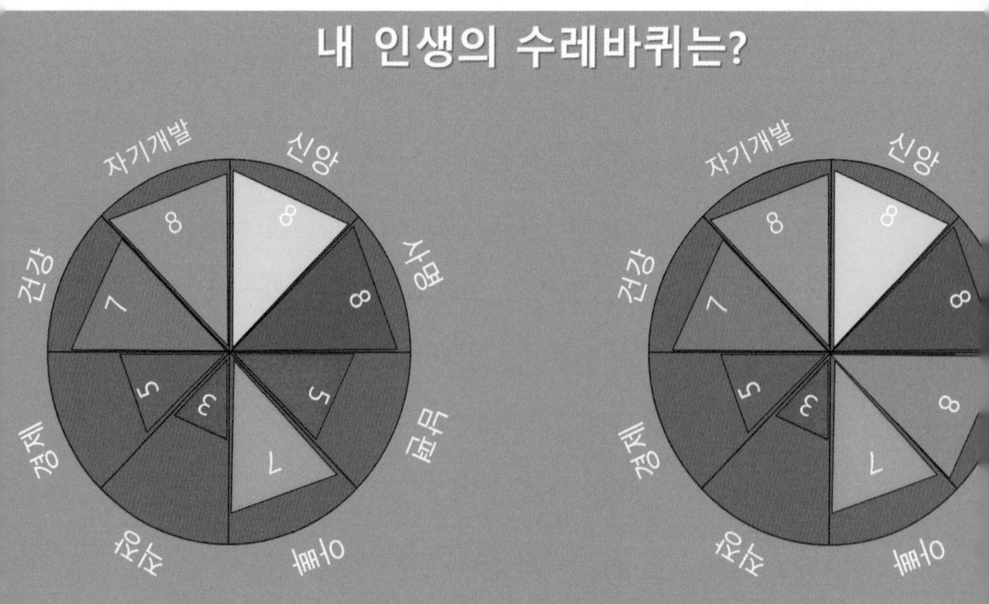
내 인생의 수레바퀴는?
자기개발
신앙
건강
경제
자기개발
신앙
건강
경제

‘남편으로서 아내와의 관계가 너무 부족했구나. 직장에 매이고 경제적으로 힘들다 보니까 아내에 대한 부분이 소홀했구나.’

그래서 8점까지만 그러니까 1~2점만 더 올리자는 것이 내 목표였다. 그리하여 조금씩 신경을 쓰다 보니까 아내뿐만 아니라  가족에 대한 전체적인 신뢰가 높아지게 되었다. 자녀들과 대화하는 횟수도 많아지고, 가족들과 워라밸 즉 워크라이프밸런스가 어느 정도 올라갔다.

가족은 누구에게나 중요하다. 그래서 나는 항상 가족들과 한 번씩 수레바퀴를 그려 본다.

‘아이들과 어떤 부분이 부족할까? 대화가 부족한가?’라며 하나씩 찾아가는 것이 정말 중요하다. 여러분들에게 조언하자면 제일 먼저 가족부터 해 본 다음, 고객과의 관계를 한 가지씩 바꿔나가면 된다.

내 현재의 모습은 어떻고, 내가 변해야 할 미래의 모습은 어떤지, 그중에서도 이번 주에는 이것을 해 보겠다, 이렇게 액션플랜을 짜고, 이를 수정 보완해서 하나하나 내 것으로 만들어가면 하나씩 이루어진다.

하루아침에 이루어지지는 않는다. 부족한 부분은 노력해야 한다.

7

# 망하지 않는 회사를 만들어야 한다

'더 리치'라는 책이 있다. 백만장자가 되려면 어떻게 해야 할지 그 고민에 대한 열 가지 조언을 하나하나 조목조목 적어 놓았다.

책에서 배운 지식을 다 적용해 보았다. 어떻게든 살아남아야 하니까 말이다.

'타이탄의 도구들', '돈의 속성', '부의 추월차선' 등 이런 책들을 섭렵해보면서 공통점을 찾았다.

어느 정도 한계점에 가면 사람이 지치게 되어 있다고 한다. 그때 깊게 생각하지 않거나 그 상태로 사업을 지속하다 보면 마이클 거버의 말처럼 망할 수밖에 없는 회사가 된다.

그전에 탈바꿈해야 한다. 그럼 어떻게 해야 할까?

'부의 추월차선'에서는 '소극적 소득'이라는 이야기를 한다. 소극적 소득이란 것은 힘을 좀 적게 들이고 돈을 버는 방법을 뜻한다. 그다음에 '더리치'에서 얘기할 때는 '수동적 소득'이라는 말을 한다. 다 똑같은 말이다. 적게 움직이면서도 돈이 더 쉽게 들어오는 방법이라는 뜻이다.

김승호 회장은 다음과 같이 말한다.

"게으르게 일하고 싶다."

같은 말이다. 그러나 우리는 항상 무조건 열심히 하려고 한다. 잠시 주변을 둘러보더라도 엄청나게 일하는 사람들은 어디에나 있다. 모두 다 열심히 산다. 그런데 그 사람들의 사는 것을 보면 부자처럼 살지는 못하고 있다.

이제 열심히 일하는 것보다는 어떻게 일해야 하는지를 생각해야 한다. 영리하게 일해야 한다.

열심히 영리하게 일하면 그만큼 속도가 빨라진다.

'부의 추월차선'을 보면서 3월부터 9월까지 어떻게 하면 빠른 속도로 전진할 수 있을지 생각하고 또 생각했다.

고민해야만 답이 나온다.

'사장의 말공부'라는 책에서는 그 비결이 무조건 따라하기라고 한다. 책을 읽었으면 그 책을 따라 하고, 회사가 잘하면 회사 그대로 모방하라고 했다. 심지어 본인의 회사는 90%가 모방이라고 한다.

"내가 창조하는 것은 얼마 없다."

따라 하는 게 나쁜 것은 아니다. 창피한 것도 아니다.

지금 자신이 하는 것 중에 일단 한두 가지만 따라 해보는 것도 중요하다. 만일 10가지 일이 있다면 우선 한 가지부터 들어가는 것이 원칙이다. 경영의 아버지 피터 드러커도 똑같은 얘기를 했다. 한 번에 두 마리, 세 마리를 다 쫓을 수는 없다. 하나부터 시작해야 한다.

먼저 자신에게 한번 질문을 던져보면 좋겠다.

"내가 왜 사업을 하게 되었을까, 내가 왜 인테리어를 시작했을까, 네일아트를 왜 했을까, 왜 다시 음식점을 개업하려고 할까, 왜 책을 만들고 있지, 왜 스마트폰 강사를 하고 있을까?"

통계 자료에 의하면 대부분의 사업체들은 10년 안에 거의 문을 닫는다고 한다. 특히 코로나19로 현재의 위기 상태에서는 대부분 폐업 직전이다.

왜 그럴까?

대기업과 소상공인들은 접근하는 방법이 달라야 한다.

대기업들이 사업을 하는 방법과 소상공인의 사업체를 시작하는 방법은 어떤 것이 다를까?

대기업들은 이미 그림을 그려놓고 시작한다. 어떤 사업체를 만들어 놓을 것인지 이미 그림을 그려놓고 시작한다. 그런데 우리 소상공인들은 일단 자신이 잘하는 것을 사업으로 한다.

이를 깨닫고 나니 나 역시 정말 충격이었다. 이 이야기를 들으면서 '내가 정말 이렇게 살았구나.'라는 생각을 했다. 그리하여 폐업도 했는데 다시 망하지 않는 기업을 만들기 위해서 나는 무엇을 해야 할지 질문에 질문을 또 던졌다. 그리고 그때 답을 찾았다.

"그래, 그림을 그리자."

이것이 비즈니스 모델이다. 어려운 말이지만 비즈니스 모델이란 말은 앞으로 어떤 사업을 구상할 건지 고민하는 것이다. 사업이 어떻게 만들어질 것인지를 구상해 놓고 그 구상에 대한 세부 사항들을 매뉴얼로 만들다 보니까 하루하루 사업이 재미있어지는 것이다.

5장

# 물건이 아니라 자신을 팔아야 한다

1

# 머리를 믿지 말고 데이터를 믿자

내가 가장 잘하는 것이 매뉴얼이다.

회사를 운영하는 분들을 만날 때마다 일부러 바인더를 눈앞에 펼쳐놓는다. 그때 대부분 깜짝 놀라며 이렇게 말한다.

"우와, 이거 뭐야, 시간을 이렇게 써? 정말 꼼꼼하다."

솔직히 나는 그리 꼼꼼하지 않다. 그 정도까지는 아닌데 나도 전략적으로 움직인 것이다. 그 대표님을 움직이려고 말이다. 내 역량이 너무 부족하다 보니까 잘하는 걸 극대화시킨 것이다.

매뉴얼을 쓰는 거라든지 시간 관리, 목표 관리하는 것들을 살짝살짝 흘려가면서 메모도 한다. 이는 거래처 사장님들에게만 통하는 것이 아니라 고객들에게도 통한다. 이것이 영업전략이다.

우리는 영업전략이 필요하다.

나는 고객들 앞에서도 이 다이어리를 펴놓고 얘기했다. 그리고 고객들이 날짜를 정하면 그곳에 직접 기록해놓고 하다 보니까 고객들이 감동하게 된다.

'아, 이 사람과 거래하면 우리 집은 정말 잘 고쳐 주고 사기는 안 당하겠다.'라고 마음에 심어주게 된다.

나는 캐리어가 지금 세 개가 있는데 그 캐리어 가방에 우리 집에 있는 바인더가 꽉 차 있다. 고객 관리 바인더뿐만 아니라 고객들을 만난 후의 고객 감동 바인더, 그다음에 시공할 때의 바인더 등이다.

그리고 고객들을 감동시키기 위해 보여지는 영업을 했다. 일단 현수막을 설치하고 그다음에 테이블을 만드는 것이다. 현장에서 바로 우리 새시를 직접 만져볼 수 있고, 경험할 수 있도록 이동식 테이블도 만들어 보기로 했다.

효과 만점이었다. 새시를 교체할 때는 고객들이 다 몰려왔다. 사다리차 장비를 사용해서 오르락내리락했다. 그리고 아이디어를 플러스하여 사진을 찍기 시작했고, 일부러 고객들이 모일 때 삼각대를 준비했다. 그 내용을 그대로 찍어 인터넷 블로그와 인스타그램에도 올렸다.

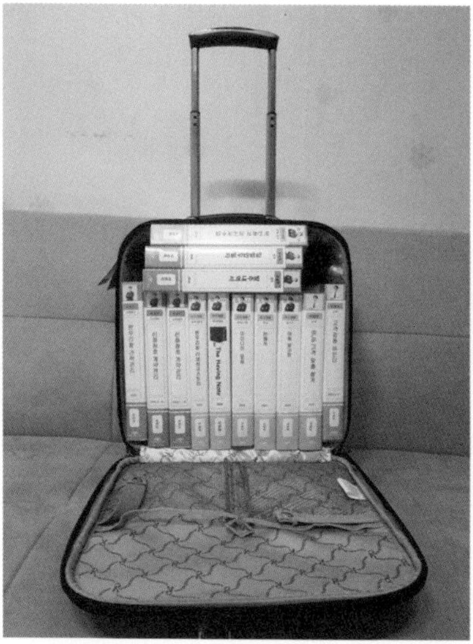

그다음은 결과물이었다.

상대편을 설득할 때는 아무리 청산유수로 얘기해도 소용이 없다. 그 사람들은 벌써 어느 정도 덩치가 있는 거인과 같은 기업체들이며, 우리의 말 한마디에 쉽게 움직이지를 않는다. 오직 결과로써 얘기하는 것이다.

그리하여 나는 한 장에 모든 것을 압축한 제안서를 만들었다. 단 시간 내로 그분을 설득해야 하니까 말이다. 캘리최도 본인의 업체를 어떻게든 계약을 성사시키기 위해 5쪽짜리 제안서를 만들었다고 한다. 나는 단 한 페이지로 요약, 정리했다. 이럴 때 숫자가 가장 중요하다. 예를 들면 고객 문의 건은 한 달에 몇 건, 전화는 몇 건, 그다음에 견적 몇 건, 현장 방문은 몇 건, 콜라보 할 수 있는 업체에 브리핑한 것이다.

2

# 매뉴얼대로 가야 한다

나는 지금 거의 80%가 계약이 된다. 그 이유가 바로 루틴 때문이다. 루틴 즉, 매뉴얼대로 가는 것이다.

그대로 따라 하기만 하면 된다. 기분이 나빠도 그냥 매뉴얼을 읽으면 된다. 전화할 때도 매뉴얼을 펴놓고 '아, 이 부분 체크해야지.'라고 하는 것이다. 그럼 거의 80% 이상이 계약한다.

그러나 한 번 이 루틴을 만들었다고 해서 끝까지 가는 루틴이 아니다. 계속 수정 보완해서 더 완벽한 루틴, 매뉴얼을 만드는 것이 우리의 숙제이다.

처음에는 연필이나 볼펜으로 쓰고 그다음에 문서로 만들었다. 다른 사람들도 똑같이 볼 수 있도록.

이것이 중요하다. 처음부터 타이핑할 수는 없으니 빈 노트를 가지고 다니면서, '아, 이 단계에서 이런 말이 좋구나!'라는 생각이 들면 추가해주는 것이다. 늘 가지고 다니기 힘들다면, 핸드폰에 적어 놓았다가 옮겨 적으면 된다.

나는 이 루틴을 설명할 때 '길목에서 서 있기'라고 표현한다. 맛집 가는 길에서 그 길목에 서 있다가 알려 주는 것이다. 그 길목에서 안내해주는 것이다. 길을 못 찾으면 안내해주는 것.

우리는 영업을 하므로, 그 길목에 서 있다가 불편해하고 두려워하는 고객들의 문제를 해결해 주고 안내해주면 그 고객이 자신의 고객이 되는 것이다.

루틴은 길목에 서 있는 것과 똑같다. 그 길목에 서 있다가 준비된 멘트와 행동을 하면 고객들의 반응이 나타나기 시작한다. 정말 중요하기에 여러분들도 이렇게 해야 한다.

업체별 루틴에 대해서 설명하고 싶지만, 업체별로 다 알지는 못한다. 따라서 창문에 대한 루틴을 먼저 설명하고자 한다.

루틴에는 여러 가지가 있다. 영업할 때 하는 루틴, 계약할 때 하는 루틴, 계약했다면 시공할 때의 루틴 등, 이것을 하나하나 세분화했는데, 이렇게까지 한다면 좀 힘들 수 있다.

내 루틴은 다음과 같다.

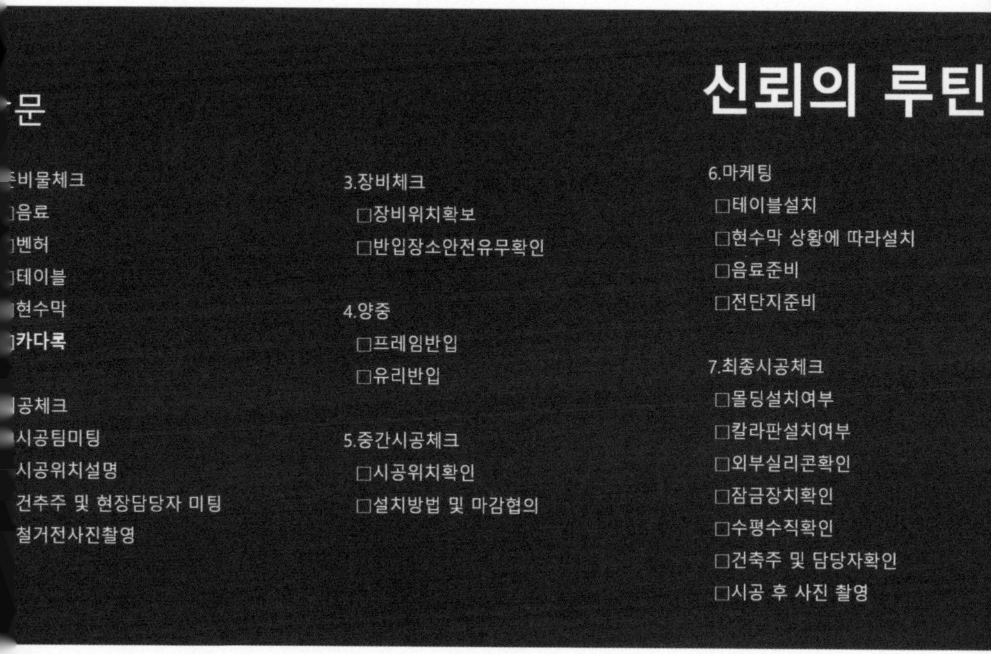

문
신뢰의 루틴
비물체크
음료
벤허
테이블
현수막
카다록
공체크
시공팀미팅
시공위치설명
건추주 및 현장담당자 미팅
철거전사진촬영
3.장비체크
□장비위치확보
□반입장소안전유무확인
4.양중
□프레임반입
□유리반입
5.중간시공체크
□시공위치확인
□설치방법 및 마감협의
6.마케팅
□테이블설치
□현수막 상황에 따라설치
□음료준비
□전단지준비
7.최종시공체크
□몰딩설치여부
□칼라판설치여부
□외부실리콘확인
□잠금장치확인
□수평수직확인
□건축주 및 담당자확인
□시공 후 사진 촬영


처음 계약해서 들어갈 때는 준비물을 체크하는 것, 그리고 두 번째는 시공 체크, 장비 체크, 양중(작업할 때 자재를 옮기는 것), 중간시공체크, 마케팅, 최종시 체크, 사후관리에 대한 부분들을 쭉 해놓았는데, 이걸 체크해 나가면서 작업한다.

이렇게 하다 보면 빠트리는 것이 좀 적어진다. 그래도 실수가 있을 수 있다. 그럼 다시 수정 보완해 나가면 된다. 나 역시 처음부터 이렇게까지 하지는 않았다. 처음에는 간단하게 몇 개씩 했는데 하나씩 하나씩 추가하다 보니까 항목들이 늘어난 것이다.

그리고 준비물로써 나는 항상 주변에 있는 사람들에게 음료수 대접을 한다.

현장에 가면 나를 방해하는 사람들이 있기 마련이다. 바로 관리사무실에 있는 분들과 주변의 고객들이다. 따라서 제일 먼저 가서 음료수를 드리는 분이 관리소장이다.

"오늘 창문을 시공하는데요. 오늘 몇 호를 하고 있는데 잘 좀 봐주세요."

이렇게 말씀드리며 음료수를 먼저 드린다. 그다음은 시공팀이다. 시공팀 또한 나의 내부 고객이라고 생각하기 때문이며 이것은 정말 중요하다.

고객은 내부고객과 외부고객이 있지만, 우리는 항상 외부고객에만 신경 쓴다. 그런데 더 중요한 것은 내부고객 즉 나와 같이 일을 하는 직장 동료이다. 나에게는 시공팀이다. 시공팀이 잘해줘야 제2의 영업 매출액이 늘어나다. 따라서 우리 시공팀에게 최선을 다하는 것이다.

"오늘 저와 같이 일을 해 주셔서 정말 감사합니다."

음료수를 먼저 대접하고 그다음 고객들에게도 음료수 하나씩을 드린다. 현장에 돌아다니는 분들, 심지어 청소하시는 분들까지 다 드린다. 그랬더니 그분들이 나중에 다 도와주시고 심지어 창문을 홍보해주기도 한다.

그다음이 배너이다.

시공현장은 최고로 영업이 잘되는 장소이다. 나는 항상 가자마자 배너를 펼쳐놓는다. 그리고 테이블을 만들어 놓고, 현수막을 달아놓는다.

LG하우시스
KCC 발코니창호
노후된 창문교체
냉.난방비
최대 40% 절감
단열성능우수 / 누수방지
010-5542-9247
고객님의
빛의 통로 창(窓)
꿈과 희망을 연결해드리겠습니다
신화창호 010-5542-9247

이제 시공 체크다. 그리고 어떤 일이든 루틴은 아마 비슷한 상황일 것이다.

시공 체크 즉 시공팀 미팅과 시공 위치를 설명한다. 왜냐하면 직원들과 소통하는 부분이기 때문이다. 그리고 건축주 및 현장 담당자와 미팅하면서 최대한 실수가 벌어지지 않게 미리 대비한다.

철거 전에는 사진 촬영과 철거 후 사진 촬영을 한다. 왜냐하면 철거 전과 후를 정확히 해야 나중에 고객들이 이 블로그를 보든가, 결과물을 볼 때 그때 느끼는 것이 다르기 때문이다.

마케팅에 대한 부분을 좀 더 강조 하고 싶은데, 나는 현장 그 자체가 마케팅이라고 본다. 영업은 따로 하는 것이 아니라 동시다발적으로 이루어진다는 것을 꼭 기억해야 한다.

나는 시공할 때 1시간 이내에 최대의 영업 효과를 누리는 것을 목표로 삼는다. 시공할 때는 소리가 요란하다. 그리고 장비를 쓰게 되면 눈과 귀를 자극하게 되며 사람들의 관심이 쏠린다. 그때를 이용하는 것이다. 테이블을 만들어 놓고, 상황에 따라서 현수막을 설치한 후 음료수를 준비하여 나누어드리면서 바로 영업을 시작하는 것이다.

그다음이 최종 시공 체크이며, 이는 사후관리와 똑같다. 단골고객을 만드는 방법이 바로 최종 체크 방법이다.

지금까지 시공에 대한 매뉴얼, 루틴을 만들어 놓은 것이고 그 외의 것은 여러분이 하나씩 만들어가면 된다.

3

# 배움을 중단해서는 안 된다

대개의 소상공인들이 간과하고 별로 대수롭지 않게 여기지만 여러분들은 꼭 해야 하는 것이 있다. 바로 독서다.

부자들이 꼭 하는 것은 책을 잘 읽는다는 것이다. 많은 책을 읽고 또 연구하면서 이걸 어떻게 응용할지, 어떻게 빨리 내 것으로 만들지 따라 하며 바로 실행한다는 것이다.

'사장의 말공부'라는 책에 보면 고야마 노보루라는 CEO가 가장 잘한 것은 실행력이었다. 무조건 따라 하는 것이다. 나 역시도 일단 일을 저질러 놓고 보니까 하게 되었다. 보통은 사람들이 일 저지르지 말라고 하는데 고야마 노보루는 사람은 일단 일을 저질러 놓고 그것을 수정 보완해 나갔다.

그렇다고 무턱대고 아무 일이나 저지르라는 뜻은 아니다. 다른 사람들이 잘하는 것을 우선적으로 따라 해보라는 것이다. 무조건 따라 해보자.

책을 읽을 때 1년에 몇 권은 읽겠다 하고 마음먹고 꾸준히 읽는 것도 중요하지만 단 한 권이라도 제대로 읽는 것이 더 중요하다.

나의 올해 목표는 전문도서 50권이다. 경제에 대한 부분도 알아야 하니까 10권은 경제, 그다음에 자기계발서적 40권이다. 작년에는 약 60권 정도 읽었지만 반복해서 읽은 횟수까지 하면 거의 100권은 읽은 셈이다.

목적독서는 정말 중요하다. 많은 책을 읽게 되면 자기 사업의 아이디어가 새롭게 떠오르고, 콘셉트로 다시 얘기하면 세렌디피티가 만들어지기 시작한다. 즉 부산물이 만들어지는 것이다. 이를 본인 사업에 하나씩 적용하면 된다.

그리고 신기하게도 책을 많이 읽으면 머릿속에서 화학반응이 일어난다. 잠자다가 꿈속에서 새로운 아이디어들이 속속 나오기 시작하는 것이다.

내 사례를 예로 들자면 어떻게 하면 단체로 새시를 할 수 있을까 하고 고민하다가 잠을 자는데 불현듯 새벽 2시에 아이디어가 떠올랐다. 그 순간 재빨리 일어나 핸드폰에 저장했다. 그리고 바로 실행

해가는 것이다. 그러니까 벌써 은마 아파트 계약이 2채가 되기 시작했고, 다음 주에는 시공이 된다.

그런 방법들이 계속 떠오르는 원천은 바로 책이라고 할 것이다.

4

# 가족이 힘이다

우리가 워라벨(Work-life balance)이라고 표현하는 것처럼, 일과 가정은 정말 중요하다. 나는 가정이 힘이라고 생각한다. 그래서 가족들과 함께하는 시간을 자주 갖는 편이다.

나는 시간을 2가지로 분류한다. 바로 카이로스 타임과 크로노스 타임이다.

크로노스적 타임(하루 24시간은 누구에게나 똑같은 분량으로 소유되고 있으며, 객관적이며 물리적이다. 객관적으로 시간은 측정이 가능하고, 동질적이며, 주기적으로 반복되는 지속성을 갖고 있다. 이런 경우 시간 개념을 크로노스(chronos)타임이라고 한다 – 편집자 주) 중에 우리가 의미적 시간을 갖는 것이 바로 카이로스적 타임(개인마다 다르게 느끼는 감각적 차원의 시간을 카이로스(kairos) 타임이라고 한다 – 편집자 주)이다.

시간의 흐름 속에 의미적 시간을 담아내는 우리가 되었으면 하는 바람이다.

가족들과 일주일에 한 번, 일주일에 한 번이 힘들다면 한 달에 한 번이라도 여행이든 식사든 의미적 시간을 가져보는 것이 중요하다.

나는 가족들과 독서하면서 서로 나누는 것을 활성화해 가족 간에 서로 소통하는 문화를 만들려고 한다. 어쩌면 현재 그런 부분들이 조성되었는지도 모른다. 이미 큰딸과 소통하다 보니 대화가 통하는 것이다.

작년에 우리 가족들과 사진 한번 찍었다. 인생에 있어서 뭔가 카이로스적인 타임을 한번 갖자 하고 큰딸이 제안하기에 기꺼이 승낙했다. 평창동으로 가서 사진을 찍고 왔는데, 찍고 나니까 그렇게 좋을 줄 몰랐다. 지금 우리 거실에도 그 사진이 걸려 있는데, 볼 때마다 힘이 되고 기운이 난다.

나뿐만 아니라 이 글을 읽는 여러분도 가족들을 생각하면 저절로 미소가 머금어질 것이다. 항상 좋은 일만 일어날 것 같은 예감이 들 것이다. 때로는 화가 나는 일도 있고, 짜증이 날 때도 있지만 사랑하는 가족들을 생각하면 다시 마음이 평안해지면서 위로를 얻게 된다.

가정은 정말 소중하다. 내가 힘들 때 옆에 있다는 것이 얼마나 감사한지 모른다.

5

# 하프타임을 가져야 한다

얼마 전에는 매출이 1억 5천까지 올랐지만, 입술이 트고, 딱지가 생기더니 피가 흘렀다. 그때는 하는 일마다 승승장구였고 영업이나 상담도 너무 잘되었다. 심지어 밥 먹을 시간조차 없이 너무 힘들어 이런 생각을 했다.

'내가 왜 이렇게 살아야지, 이렇게 하다가 죽을 수도 있겠다.'

행복한 고민과 더불어 엉뚱한 생각까지 들었다.
어떤 일이든지 혼자 하는 것은 한계가 있다.

멘토로 삼고 있는 마이클 거버가 그랬다.

"너, 그렇게 일하다가 죽어."

그렇다, 가슴에서 울리는 소리를 들어야 한다.

'하프타임의 고수'를 보면 '내 영혼에서 들리는 호루라기 소리를 듣고 잠깐 멈추라.'라고 말한다. 지금 달리던 길을, 일이 안 됐으면 일이 안 된다고 잠깐 멈추고, 일이 너무 바쁘면 바쁘니까 잠깐 멈추라고 한다. 우리가 생각할 시간이 없다는 것이다.

그리하여 나도 잠깐 멈추었다. 11월 들어 잠시 하던 일을 멈추고 이렇게 해서는 안 되겠다고 생각했다. 문의 전화는 계속 왔지만, 정중히 거절하고 미루었다. 그리고 어떻게 하면 지금 이 상황을 더 지혜롭게 현명하게 대처할 수 있을지를 고민했다. 정말 하나에 더 집중해서 효과적으로 할 수 있는 방법이 무엇인지를 고민했다.

처음에는 매출액에만 욕심이 있었다. 1억이라는 숫자가 참 대단해 보였던 것이다. 그리하여 매출에만 신경을 썼지 정작 순수익은 생각해보지 않았다. 일은 많은데 손에 떨어지는 게 별로 없다면 무슨 소용이라는 말인가.

하프타임을 가지면서 곰곰이 생각했다. 결론은 차라리 매출액보다는 순이익을 높이는 쪽으로 하는 것이 좋겠다고 생각했다. 매출액에 욕심부리지 말고 순수익을 높게 낼 수 있는 방법을 찾아보자.

그러다 보니 12월 매출액이 적었다. 그러나 매출액은 적었지만 순수익은 늘었다. 여러분도 고민해야 한다. 매출액을 너무 신경 쓰지 말고, 순수익에 대한 부분을 고민해야 한다.

현재 내가 가는 길이 뭔가 잘못됐다면 일단은 멈춰야 한다. 멈추면 생각을 하게 된다. 축구 경기에서 하프타임은 보통 쉬는 시간이라고 착각을 하는데, 하프타임은 전반전을 분석하고 앞으로 후반전에 어떻게 될 것인지를 계산하는 시간이다. 보통 하프타임 하면 잠깐 누워서 쉬는 시간인 줄 알지만 하프타임은 현재 시점에서 지난 과거에 했던 부분을 다시 점검하고 앞으로 나아가야 할 부분을 계획하는 시간이다. 그래서 중요하다.

지금 일이 안 된다면 잠시 멈추고 일이 너무 잘 돼서 바쁘다 해도 잠시 멈춰야 한다. 하프타임을 갖고, 내 인생에 대한 철학이 있어야 한다.

사업에서도 철학이 있다는 걸 꼭 기억해야 한다. 가족들을 위해서 사는지, 아니면 자신을 위해 살아가는지, 다시 가슴에 손을 얹고 하프타임을 좀 가져보자.

하프타임은 단지 쉬는 시간이 아니라 후반전을 위한 작전타임이다. 살아온 날을 돌아 보며 인생의 후반전을 위하여 준비하는 시간이다. 인생의 목표와 전략을 새롭게 짜는 강력한 도전의 시간이다.

내 영혼을 깨우는 시간, 내 영혼의 호루라기 소리를 들어야 한다.

나는 이 하프타임을 아침 시간과 잠자기 전 약 20분 전에 갖기로 했다. 그다음 일주일 중 가장 중요한 시간은 토요일이다. 토요일은 정말 하프타임을 장시간 가질 수 있다. 그 시간은 일주일을 정리하고 일주일을 계획할 수 있는 시간이다.

또 하나 열심히 하는 것도 중요하지만 가끔은 게으르게 일할 필요도 있다. 여러분들도 잘 알고 있는 김승호님의 '김밥 파는 CEO', '돈의 속성'과 '생각의 비밀'이라는 책에 보면 항상 하는 말이 있다.

'나는 게으르기 위해서 돈을 번다.'

근데 그분을 보면 진짜 게으른 것이 아니다. 결국은 영리하게 일하라는 쪽에 해답이 있다. 시스템화하다 보니까 그 시스템이 직원들을 거느리고 회사를 이끌어 가는 것이다. 이는 우리 소상공인뿐만 아니라 그 누구든지 이와 같은 시스템이 꼭 필요하다는 것이다.

6

# 자존심은 버려야 한다

나는 폐업할 때 이렇게 생각했다.

'내가 여기서 지금 뭘 해야 할까, 우리 가족을 부양할 수 있을까, 이 상황에서도 희망이란 단어가 있을까?'

그런데 익숙한 전화가 한 통 왔다.

나와 거래하는 거래처 사장님이었고, 그분은 나름대로 성공한 사람이었다. 그러다 보니까 두 개의 공장과 세 개의 회사를 운영하고 있고, 그분의 도움으로 과거에 제품을 받아서 판매하는 일을 했었다.

그런데 그분이 전화가 처음 온 것이 아니었고 그전에도 연락이 왔었다. 업종이 제조이기에 본인은 영업력이 없으니 내가 가서 그 회사에 영업 쪽으로 한번 활성화 시켜 주면 하는 바람이셨다.

그럴 때마다 나는 내 회사도 감당하기 힘든데 누구를 도와줄 수 있느냐며 공손하게 몇 번이나 거절했었다. 그런데 상황이 달라졌다. 폐업하고 나니 창피할 것이 이제는 창피할 것이 없어 '잡아야 하겠다.'라는 생각이 들었다.

"사장님, 뭘 도와드릴까요?"

"나, 도와줄 수 있어?"

"예, 일단 무슨 일이든 시켜 주십시오."

폐업한 마당에 물불 가릴 처지가 아니었다. 죽느냐 사느냐 하는 적자생존의 법칙 앞에서 자존심을 따질 때가 아니었다. 어떻게 하든 살아남아야 한다.

대기업도 무너지고 있는 상황에 중소기업은 말할 것도 없다. 이런 상황에서 우리는 멈출 수도 없고 창피할 것도 없다.

"사장님 당장 하겠습니다."

그런데 문제가 있었다. 영업력도 없었고 그냥 원점인 상태였다.

게다가 직접 발로 뛰어야 하는 현장 영업을 해야 한다.

문득 23년 전 대리를 달자마자 현장 영업을 하던 것이 떠올랐다. 당시 카탈로그를 옆구리에 끼고 현장을 누벼야만 했다. 그렇게 해서 한 달 내내 계약이 한 건 될까 말까 했었다.

그런데 지금에 와서 이 영업을 해야 하는지 고민이 되기 시작했다. 그런데다 코로나19로 인해 비대면으로 해야 하니 막막하기만 했고, 원점에서 다시 시작할 수밖에 없었다. 그래도 일단 용기를 내서 영업을 시작했다.

사업을 하는 사람들이라면 바닥이라는 것을 경험해 보았을 것이다. 통장도 바닥 건강 상태도 바닥, 모든 것이 바닥이었다.

아무것도 하지 않고 오로지 잠만 자고 싶었다. 고객들은 보이지 않았고 어디를 가야 할지 난감하기만 했다. 그래도 처음에는 카탈로그를 들고 현장으로 다시 가보았지만 반갑게 맞아줄 리 만무했다. 어디를 가나 기존 거래처가 다 있기에 새로운 사람을 받아들인다는 것이 쉽지 않다.

그래도 옛날 근성이 있어 다시 한번 가보고, 매달리다 보니 그때 중간에 연결되는 사람들이 생기게 되었다.

대개 목표를 세우라고 하면 두리뭉실하게 세워놓지만 그래서는 안 된다. 모든 목표는 수치화해야 한다. 예를 들어 일주일간의 목표를 지금보다 2배로 올린다고 하면 이 역시도 수치이기는 하지만 너무 막연하기에, 숫자를 구체화해야 한다.

그리하여 나는 한 달 목표를 매출 1억으로 잡았다. 그러려면 일주일 단위로 나누어서 2,500만 원씩 4주, 그리고 3일 단위로 1,250만 원씩 수치화를 만들어나간다. 1,250만 원을 만들기 위해 또 쪼개는 것이다.

몇 개의 계약이 될지, 두 개 이상의 계약, 잠재고객과 관심고객을 어떻게 만들지, 이 또한 세밀하게 나누고 분석해야 한다.

7

# 목표를 시각화해야 한다

처음부터 장기 목표를 세우는 건 정말 어렵지만, 단계별로 한다면 장기 목표를 세울 수 있고 목표를 다시 재점검할 수도 있다. 그래서 일단은 가슴 뛰는 상상을 하며 가슴 뛰는 목표를 적어놓는 것이다.

그다음 목표는 반드시 숫자와 이미지로 전환하는 것이다.

막연하게 머릿속에 있는 목표를 글로 적어놓는 순간, 그 목표는 달성될 확률이 높다. 그다음에 이를 숫자로 변환한다면 이룰 확률도, 속도도 빨라지는 것이다.

또 하나 이미지로 전환한다는 것은 나에게 이미지컨트롤을 하는 것이다. 따라서 목표는 항상 눈에 보이도록 해야 한다.

그런데 막연하게 생각하려고 하면 힘들다.

나는 이것을 다섯 가지로 분류해 성과로 내는 방법을 하나하나 연

"2021 가...
(요6:63

신앙/봉사

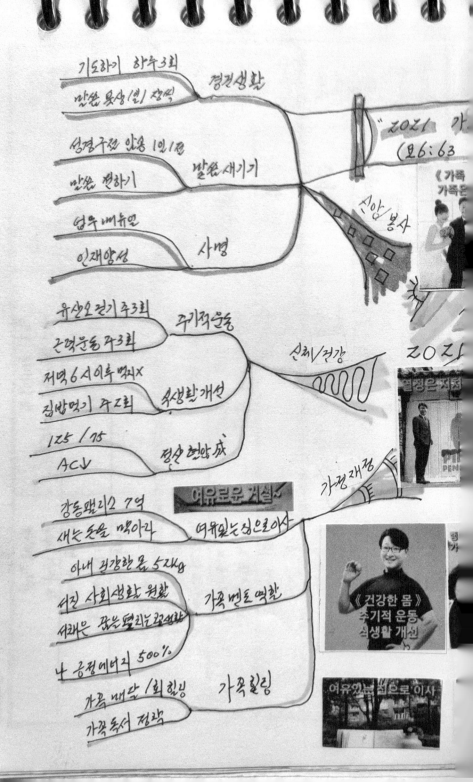

경건생활
- 기도하기 하루3회
- 말씀 묵상(일) 정착

말씀새기기
- 성경구절 인용 1일1절
- 말씀 전하기

사명
- 업무 매뉴얼
- 인재양성

2021

신체/건강

주기적운동
- 유산소 걷기 주3회
- 근력운동 주3회

식생활개선
- 저녁 6시 이후 먹지X
- 집밥먹기 주2회

정상 혈압 成
- 125 / 75
- AC↓

가정재정

여유로운 계절

여유있는 집으로 이사
- 강동팰리스 7억
- 새는 돈을 막아라

가족 별로 역할
- 아내 건강한 몸 5Kg
- 서진 사회생활 원활
- 서윤은 꿈을 펼치는 고교생활
- 나 긍정에너지 500%

가족힐링
- 가족 대담 1회 힐링
- 가족 독서 정착

2020. 12. 31.

의 해"
경영)

- objective
  - key word
    - 추월차선을 타라!
    - 게으르고 영리하게 일하라!
  - Business
    - 100억 매출
    - 신화창조 그룹 만들기
  - personal
    - 내재가치를 높여라
    - 배워서 나누는 삶
    - 건강한 몸 80유지

- 일/직업
  - 순자산 10억 만들기
    - 노후 아파트 단체 샷시교체
    - 저축 + 자금의 선순환
  - 신화창조 그룹화
    - 매뉴얼 완성하기
    - 조직 구성하기
  - 다양한 수익구조
    - 인터넷 통한 수익창출 (1억)
    - 도미노 구조만들기 (복리)

- 자기계발
  - 전문도서 50권
    - 일반 / 자기계발 도서 40권
    - 경제학 도서 10권
  - 소상공인 신화에서 소생술 책출간
    - 블로그 포스팅 80개
    - 40꼭지 쓰기
  - 경제야 놀자
    - 전문강의 4개 듣기
    - 따라해보기 → 성과

- 2021. 2. 11 완성

즉시!
반드시!
될때까지
한다!
새로운
2021년
《 가족 최고의 멘토 》
가족은 내가 지킨다!
《 건강한 몸 》
주기적 운동
식생활 개선
여유로운 거실~
여유있는 집으로 이사
신앙/봉사
• 경건생활
기도하기 하루 3회
말씀묵상 1일 1장
• 말씀새기기
성경암송 1일 1구절
말씀 되새김
• 사명
업무 매뉴얼화
인재양성
신체/건강
• 주기적 운동
유산소운동 주3회
근력운동 주3회
• 식생활 개선
저녁 6시 이후 먹지않기
집밥먹기 2회
• 정상혈압 완성
125 / 75
AC ↓
가정재정
• 여유있는 집으로 이사
강동팰리스
새는 돈을 막아라!
• 가족멘토역할
아내 : 건강한 몸 52Kg
첫째 : 능력+활기찬 사회생활
둘째 : 꿈을 펼치는 고교생활
자신 : 긍정에너지 1,000% 소유자
• 가족힐링
가족 매달 1회 카이로스 타임
가족나비 활성화
아무나

가 시작되다
모든것이
생각대로
이루어짐에
감사드립니다
두 비상의 해
Objective
· Key word
추월차선을 타라!
게으르고 영리하게 일하라!
· Business
100억 매출
신화창조그룹 만들기
· Personal
내재가치를 높여라!
배워서 나누는 삶
건강한 몸 80세 유지
일/직업
· 순자산 10억 만들기
노후 아파트 단체샷시교체
저축+자금의 선순환
· 신화창조그룹화
매뉴얼 완성하기
조직구성하기
· 다양한 수입구조
인터넷 통한 수익창출
도미노 구조만들기(복리)
자기계발
· 전문도서 50권
일반/자기계발 40권
경제학도서 10권
· 소상공인을 위한 책출간
블러그 포스팅 80개
40꼭지 쓰기
· 경제야 놀자
전문강의 4개 듣기
따라해보기 성과 1,000%
《신화창조그룹》
매뉴얼 완성하기
《다양한 수익구조》
온라인 줌특강
월1000만원달성
《자기계발》
전문도서 50권
책출간
할 수 있는
공식
VD
강사의
들어 드리겠습니다!
PINK
PENGUIN

결해 보았다.

첫 번째는 일과 직업에 대한 부분이다. 두 번째는 자기 계발, 세 번째는 가정과 재정, 그리고 네 번째는 신체와 건강, 다섯 번째는 신앙과 봉사이다.

나는 해마다 정초가 되면 백지에 기록하는 것이 있다. 바로 생각들을 쉽게 정리할 수 있는 마인드맵이다.

위에서 말한 다섯 가지 세션을 하나하나 써넣는 것이다.

올해도 마찬가지로 계획을 세웠고 그 목표를 다시 마인드맵으로 표현했다. 작년에 한번 해 보고 나니까 좀 쉬웠다. 거기다가 글만 바꾸면 되고 목표만 바꾸니까 쉬운 것이다.

글과 그림으로 표현하고 이미지로 전환해 나갈 때 그것이 자신의 목표가 되기 시작한다.

그리고 이제는 회사가 나 혼자 일하는 1인기업이 아니라 시스템이 회사를 이끌어 가는 기업이 되어야 한다. 시스템화하다 보니까 그 시스템이 직원들을 거느리고 회사를 이끌어 가는 것이다. 우리 소상공인뿐만 아니라 누구든지 이와 같은 시스템은 꼭 필요하다.

그다음으로 내재가치를 높여야 한다.

공부하고 배워서 내 것으로 만들면, 내 내재가치도 높아지게 마련이다. 그래서 배워서 나누는 삶을 살자는 것이 내 목표이다.

그리고 건강한 몸을 80세까지 유지하기 위해 튼튼한 몸을 만들자는 목표를 세워, 그것을 그림으로 그렸다.

그 모든 것을 그림으로 그리면 좋겠지만 우리의 뇌는 일을 시작할 때 한 번에 한 가지밖에 잘 모른다. 두 가지를 잘하는 것이 정말 쉽지 않다. 이는 경영학의 아버지 피터 드러커도 똑같이 얘기한다.

10가지 일이 있으면 1부터 시작하고, 1이 끝나면 일을 시작하되 2까지 끝나면, 3을 시작한다. 이게 10까지 이루어지는 방법이다.

그리고 이제 직업에 대한 부분이다.

일과 직업 부분에서는 온라인 또는 개인별로 홍보할 수 있는 방법들이 머릿속에 구상되기 시작했다.

그다음에 다양한 수익구조다.

사업은 하나의 상품이라고 생각하는 게 중요하다. 예를 들어 내가 새시를 한다면 새시 하나의 상품, 두 번째 특수용접을 한다면, 특수용접 하나가 상품이 될 수 있고, 거기서 일어난 결과물을 가지고 새롭게 만들면 또 다른 수익구조가 만들어지는 것이다. 그래서 다양한 수익구조를 만드는 것이 앞으로 여러분들이 해 나가야 할 일들이다.

나는 온라인 줌 강의로 월 1천만 원 목표 달성을 위해 노력할 것이다. 그러면 또 하나의 사업 상품이 만들어지는 것이다.

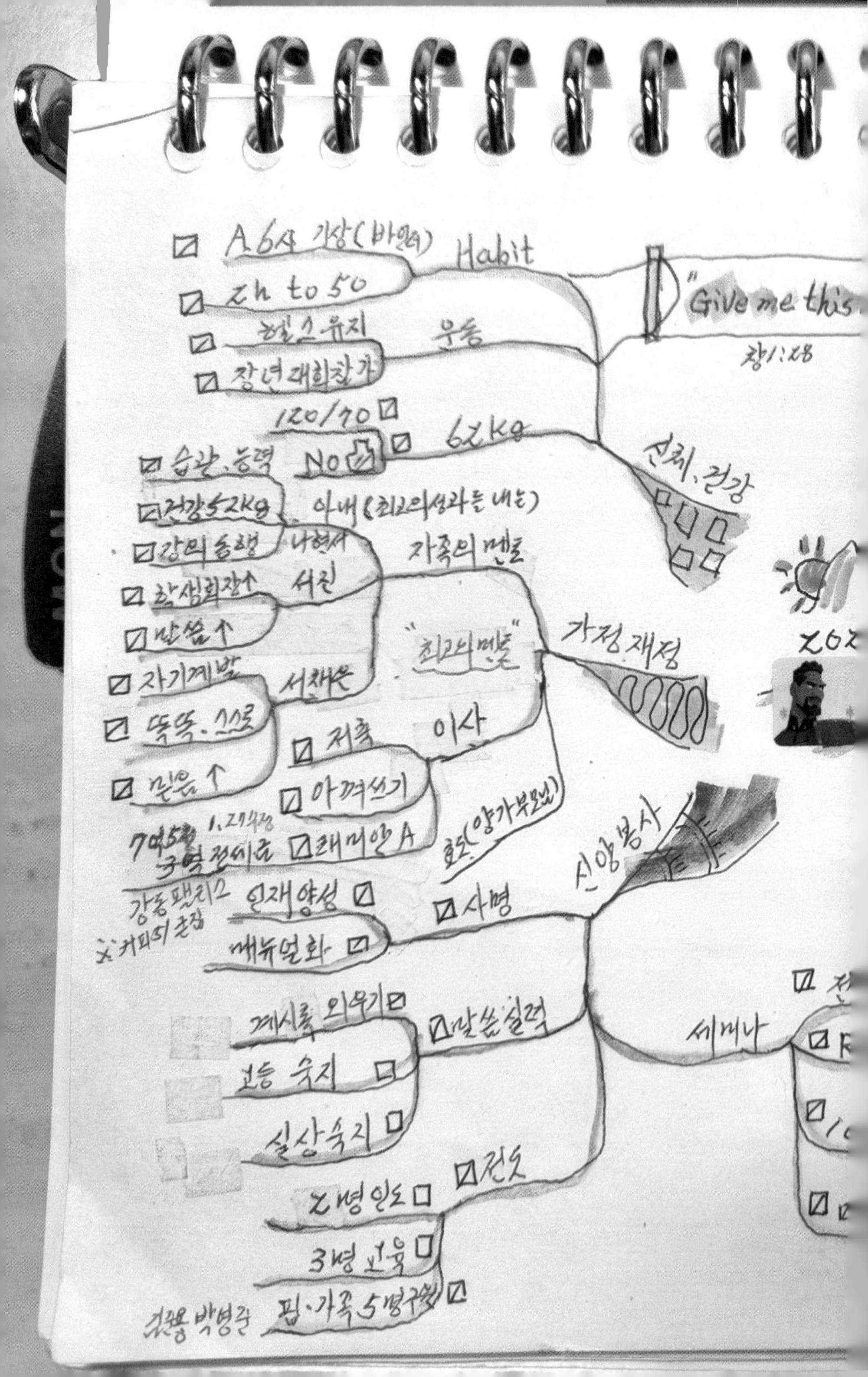

A6시 기상(바인더)
Habit
2h to 50
헬스 유지
운동
장년 대회 참가
120/70
62kg
NO
"Give me this
창1:28
신체, 건강
습관, 능력
건강 52kg
강의 동행
아내(최고의 성과를 내는)
나현서
가족의 멘토
서진
학생회장↑
말씀↑
"최고의 멘토"
가정 재정
자기계발
서채은
똑똑, 스스로
이사
저축
믿음↑
아껴쓰기
래미안 A
신앙 봉사
인재양성
사명
매뉴얼화
계시록 외우기
말씀 실력
세미나
고등 숙지
실상 숙지
전도
2명 인도
3명 교육
핍·가족 5명 구원

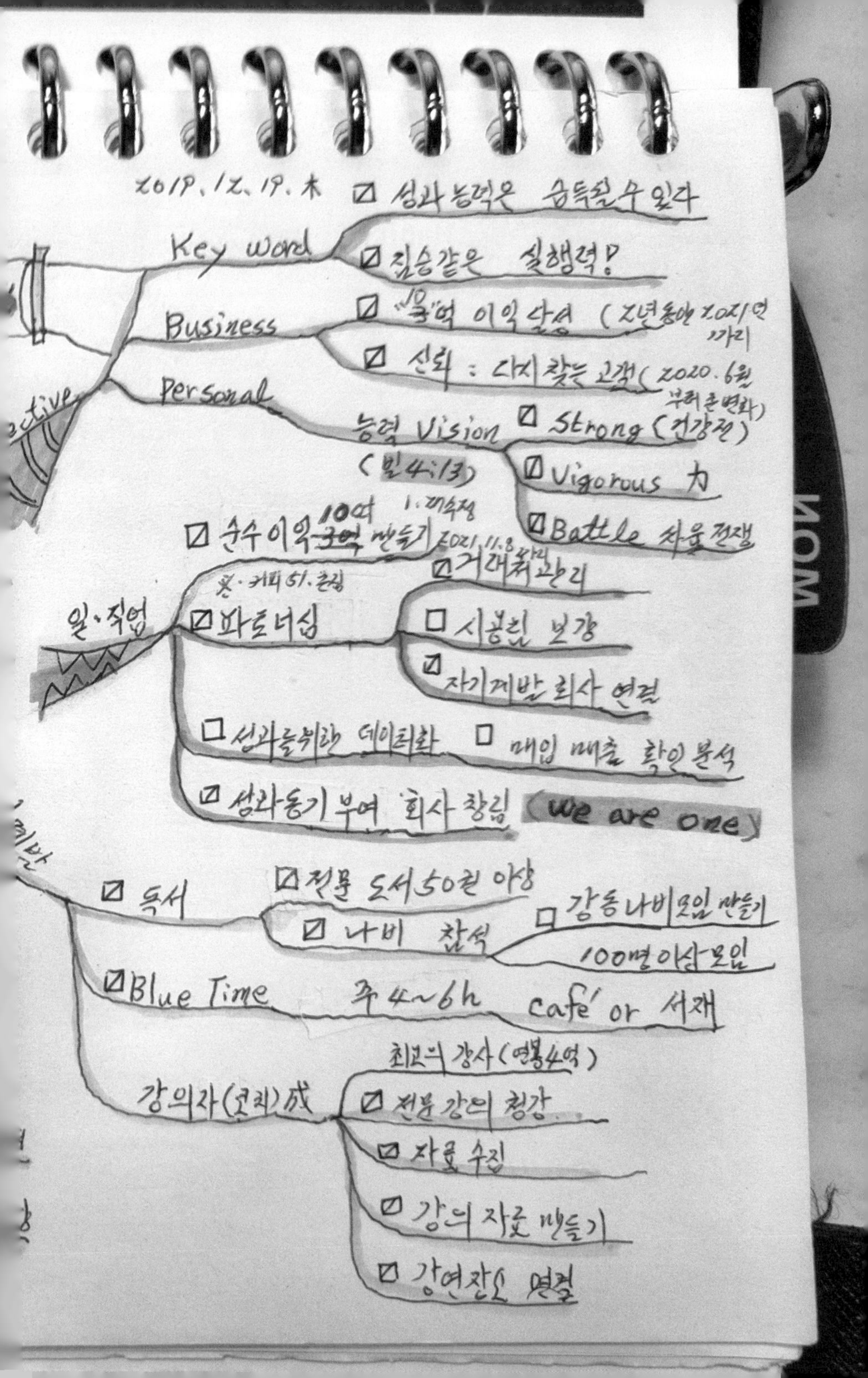

2019. 12. 19. 木
☑ 성과 능력은 습득될 수 있다
Key word
☑ 짐승같은 실행력!
Business
☑ "10"억 이익 달성 (2년동안 2021년 까지)
☑ 신뢰 : 다시 찾는 고객 (2020. 6월 부터 큰변화)
Personal
능력 Vision (빌 4:13)
☑ Strong (건강진)
☑ Vigorous 力
☑ Battle 싸움 전쟁
☑ 순수 이익 10억 만들기 2021. 11. 8 까지
일·직업
☑ 파트너십
☑ 거래처 관리
☐ 시공팀 보강
☑ 자기계발 회사 연결
☐ 성과를 위한 데이터화
☐ 매입 매출 확인 분석
☑ 성과동기부여 회사 창립
(we are one)
☑ 독서
☑ 전문 도서 50권 이상
☑ 나비 참석
☐ 강동나비모임 만들기
100명이상 모임
☑ Blue Time
주 4~6h
café or 서재
강의자(코치)成
최고의 강사 (연봉4억)
☑ 전문 강의 청강
☑ 자료 수집
☑ 강의 자료 만들기
☑ 강연장소 연결

A6시기상(바인더)
2H TO50
Habit
헬스유지
장년대회참가
62Kg 120/70
NO AC
52Kg 아내
습관능력
강의동행
운동
신체건강
가정재정
행복한 가족
가족의멘토
최고의학생회장
말씀실력
서진
스스로하기
똑똑한학생
최고의믿음
서채은
이사
저축 아껴쓰기
3억전세금 래미안A
신앙봉사
"평범하면 까인다"
묻히면 죽는다!
말씀실력
PINK PENGUIN

모든 것을 이루어 주신 하나님께
감사를 드립니다.
변화의 해
늘 풍족한 삶
늘 채워지는 통장
일치업
PINK
PENGUIN
순수이익3억만들기
파트너십
거래처관리
팀보강
자기계발회사연결
성과를위한데이터화
매입매출확인분석
동기부여&성과 회사설립
WE ARE ONE
최고의 사업가 서관덕 !
100,000,000
독서
전문도서50권
나비참석
강사의
들어 드리겠습니다!
자기계발
전문강의청강
창호학교창업
(The We are one)
코치
자료수집
강의자료만들기
꿈을 이뤄가는 개인사업가, 서관덕 강사의
꿈 꾸는 당신,
세상의 CEO로
만들어 드리겠습니다!
강연장소연결

이제 나의 또 다른 목표는 소상공인을 위한 책을 출간하는 것이고 6월 14일이면 책이 나오게 된다. 그러면 나는 이 책을 가지고 또한 여러분들과 많은 내용을 공유할 수 있을 것이다.

이 또한 이미지화하는 것이 중요하다.

다음이 신체건강이다.

주기적인 운동은 정말 중요하며 이는 나를 관리하는 최우선 과제이다. 아울러 식생활도 개선해야 한다. 굳이 운동을 하지 않더라도 살이 찌지 않는, 건강한 음식을 먹고 규칙적인 생활을 하는 것도 중요하다.

규칙적인 식사와 저녁 6시 이후에 먹지 않는 것이다.

어떤 사람들은 굳이 운동을 하지 않아도 몸이 정말 잘 관리되는 사람들이 있다. 그 사람들의 식생활을 보면 아주 짜임새가 있고 인내심도 있다.

그리하여 나는 그중에서도 건강한 몸과 주기적 운동, 식생활 개선 등을 이미지로 만들었다. 이미지로 만들어, 늘 생각하면서 계속 유지해 나가려고 한다.

그다음에 신앙과 봉사이다.

신앙이 없는 사람들은 명상으로 바꾸어나가도 좋을 것이다. 명상 아니면, 나만의 신조, 이런 것도 가능하고 감사일기나 명상으로 해도 좋을 것이다. 다음 장에 자세히 설명하기로 하자.

8

# 궁정적 마인드를 지녀야 한다

여러분 중에는 감사일기를 쓰는 사람들이 있을 것이다.

그 사람들은 이미 꿈을 이룬 것이나 다름이 없다. 이미 이루어지기 전에 감사하다고 표현할 때 이것은 현실로 다가온다고 한다.

내가 항상 강조하는 것은 잠자기 전에 일기를 쓰는 반성의 일기보다는 아침에 쓰는 일기가 더 효과적이라는 것이다. 아침에 쓰는 일기는 본인이 하루를 선택하게 된다. 행복을 선택하고, 긍정적인 마인드와 긍정적인 단어를 선택하는 것이다.

나는 항상 집을 나서기 전에 대문에 쓰인 '당신의 하루가 태양처럼 빛나길'이라는 문구를 보면서 나간다. 그러니까 항상 긍정적인 말로 시작하다 보니까, 매사 일들이 순조롭게 진행된다. 그래서 내 주변 사람들은 나에게 울트라 긍정맨이라고 표현하고는 한다.

나도 부정적인 부분이 분명히 있다. 힘들 때도 있고, 어려울 때도 있지만 그때마다 이미지 트레이닝을 하는 것이다. 다시 그림이나 문구를 보면서 긍정 마인드로 바꿔나가는 것이다.

실례를 하나 들자면 얼마 전에 공사를 했는데, 사이즈 실측을 잘못해 300mm가 부족한 것이다. 그 창 하나만 350만 원이었다. 여러분이라면 그때 어떤 생각이 들었을까.

당연히 멘탈 붕괴가 올 수밖에 없을 것이다.

그때도 나는 마인드 컨트롤을 했다.

'그래, 방법이 있을 거야. 걱정하지 마. 분명히 방법이 있어.'

그렇게 생각하는 순간 아이디어가 떠오르기 시작했다. 300mm 부족한 공간에 에어컨이 들어가야 할 상황이었다. 그래서 그 고객님께 이렇게 이야기했다.

"이 자리는 에어컨 박스가 들어가야 할 자리이기 때문에 당연히 창문을 줄여서 시공합니다. 손잡이가 걸리지 않게 만들어 드려야 되니까요."

"우와, 대단하십니다. 어떻게 그런 것까지 다 계산하셨어요."

결국은 1,900만 원 그대로 수금이 되었다.

생각이 바뀌면 위기가 기회로 바뀐다. 그런데 이런 경우는 수도 없이 많다.

다시 한번 강조하지만, 감사일기를 쓰고 긍정의 단어로 바꿔나갈 때 그 모든 일도 순조롭게 풀린다는 것이다.

9

# 나누면 행복하다

목표는 늘 보이게 만들어야 한다. 그 도구들이 바로 드림 보드판이다.

드림 보드판을 만들 수 없다면 늘 보이는 장소에 하얀 백지라도 좋다. 적어 놓든지 아니면 사진을 붙여놓으라는 것이다. 한 개라도 좋다.

나도 처음 실행할 때 우리 아이들과 아내에게 사진으로 한 장씩만 붙여놓았다. 방이나, 화장실, TV 같은 데에다 붙여놓았다. 그랬더니 하나씩 하나씩 이루어지기 시작했다.

두 번째는 다이어리를 늘 갖고 다니면서 보도록 하는 것이다. 마치 내 몸의 일부처럼 가지고 다닌다.

이 다이어리에는 모든 걸 관리할 수 있도록 만들어졌다. 목표는 물론 시간관리, 지식관리 그 밖의 아이디어, 회사에 대한, 그리고 가족에 대한 모든 것이 다 들어가 있다.

그 다이어리에 목표가 보이도록 해나가는 것이 중요하다.

드림 보드판이 만들어지면 이걸 복사해 본인의 다이어리에 늘 갖고 다니는 것이 중요하다.

나는 드림 보드판을 복사해 그림과 마인드맵을 동시에 보고는 한다. 공사 중 점심때나 잠깐 여유가 있을 때 드림 보드판과 마인드맵을 보면서 다시금 내 목표를 상기시킨다.

이런 나를 보며 우리 직원들은 항상 나에게 특이하다고 말한다.

내 경우 드림 보드판 중에 중요한 부분이 있다.

우측 상단에 '모든 것이 생각대로 이루어짐에 감사드립니다.'라고 쓰여 있다.

이루어진 다음에 감사하는 것과 이루어지기 전에 감사를 하는 것은 다르다. 이루어진 다음에 감사하는 것은 과거형이기 때문에 보통 그냥 감사한 마음이 있기 마련이다.

그런데 만약 이루어질 것을 마치 현재 이루어진 것처럼 하다 보면 그 목표가 내 것이 될 확률이 정말 높았다. 그래서 '모든 것이 생각대로 이루어짐에 감사드립니다'라는 말을 미리 써놓은 것이다.

이게 진짜 핵심이다.

느낌으로 알 수 있다. 아. 이번 연도에 이것이 이루어진다라는 느낌이 벌써 가슴속에 와닿는 것이다.

오늘 아침만 해도 계약이 될 것이라는 예상이 된다. 강의를 준비하는데도 계속 고객들의 전화가 온다. 내가 그런 마음이 생기니까 누군가의 마음을 또 움직이는 것이다. 이게 바로 잠재의식의 원리이다.

신기하게도 내가 마음을 먹고 감사함을 갖는 순간, 이루어졌다는 생각을 하는 순간, 누군가의 마음을 움직이고 있다는 것이다.

그리고 핸드폰으로 옮겨 놓는 것이 중요하다.

나는 핸드폰의 바탕화면과 메모장을 정말 많이 활용한다. 핸드폰이 처음 켜질 때와 활성화됐을 때를 활용하는데, 작년에 1억을 달성하다 보니까 욕심이 생겼다. 그래서 이제는 월 2억 매출을 달성하자. 2억 달성을 하려면 주간 5천만 원의 매출을 달성해야 한다고 목표를 세운 것이다.

내가 철원 쪽에 2,500만 원짜리 공사를 했는데 이 공사가 약 2주만에 끝났다. 그런데 그 집이 보기에 너무 좋았다. 느낌도 좋기에 그대로 내 핸드폰의 바탕화면에 깔아 놓았더니 볼 때마다 느낌이 살아났다.

그리고 중간에 있는 메모장인데, 내가 사용하는 것은 에버노트이다. 에버노트는 사진과 글, 또 소리를 저장할 수 있는 장점이 있다. 그래서 생각날 때마다 에버노트를 사용한다.

마지막으로 처음 화면이 켜질 때 내가 책을 쓰는 부분에 대해서 목표설정을 했더니 그대로 이루어졌다. 작년에 설정해놓았던 6월 14일이 곧 내 책의 출간일이 될 수밖에 없는 것이다. 그날은 내 생일이기도 하다.

우리 선배님들께서 중간중간 선물을 보내시는데 나눔은 정말 행복하다. 나눠 줄 수 있는 사람이 바로 리더이고 밥을 사는 사람이 리더이며, 커피를 사는 사람이 리더이다.

나를 가르쳐 주신 강규형 대표님이 늘 하시는 말씀이다. 나도 그 말씀대로 그렇게 나누며 실천하다 보니까 더 풍성해지는 것 같았다.

대부분 사람들은 나누면 없어진다고 생각하지만 책을 선물하고, 커피를 사 드리고, 밥을 사 드리며 내 강의는 장벽을 낮춰서 다 들을 수 있도록, 또한 무료강의를 해드리니까 이게 배가되었다.

황금률이란 말처럼 나누어주면 결국은 돌아오게 되어있다.

10

# 상생의 우물을 파야 한다

고객들을 기록하려 해도 일단은 고객들과 연결되어야 한다.

애초 내 멘토께서 우물을 파라고 하는데 이해가 되지 않았다. 인터넷을 한다고 했지만 블로그도 안 해봤고 SNS도 해보지 않았다. 그냥 시골에서 우물을 판다고 생각했다.

그런데 우물을 파는 방법이 있었다. 나 역시 하나씩 이 도구들을 써가면서 조금씩 익숙해지기 시작했고, 지금은 엄청난 내 도구가 되었다. 매출이 한 달에 1억 정도 모일 수 있는 우물을 만들어 놓은 것이다.

그럼 어떻게 하면 멋있는 우물을 만들 수 있을까?

우물 하면 해시태그가 생각날 것이다.

SNS, 블로그 아니면 인스타 등 익숙하지 않은 분도 있지만 괜찮다. 지금부터 시작해도 늦지 않는다. 나도 해 보니까 되었다.

해시태그에 이름을 달아놓으면 우물을 만드는 것과 같다. 고객이 그 우물을 찾기 시작하는 것이다. 그 우물에 맞는 고객들이 생긴다. 마치 약수터에서 자신이 원하는 물을, 자신에게 딱 맞는 물을 찾아 먹는 것과 같다.

오프라인 시대에 우물을 파는 방법은 자신이 갖고 있는 카탈로그든 뭐든 전해주는 것이었지만, 비대면 시대에는 바로 SNS가 우물이다. 그런 우물을 파면 정말 고객들이 올까 하고 의심하는 사람들도 많을 것이다.

나도 의심부터 했었다.

나는 교육을 들으면서 우물이 만들어진다면 영업을 안 해도 되겠다는 생각이 들었다. 영업 23년째 매일 발로 뛰어다니면서 영업했지만, 이제 내가 뛰어다니지 않아도 24시간 영업해주는 누군가가 있으면 좋겠다고 생각했는데, 온라인 해시태그란 부분이 그와 같은 역할을 해주는 것이다.

24시간 영업을 해주는 이와 같은 우물인데 그럼 과연 어떤 우물을 파야 할까. 이것이 정말 중요하다.

어떤 우물을 파야 할까.

내 경우를 예로 들어보자.

내가 처음 팠던 우물은 블로그였지만 정말 글도 잘 쓰지 못했다. 그래도 그냥 한번 해 보자고 마음먹고는 올림픽 선수촌 아파트 공사를 하면서 시도해보았다.

그런데 18세대가 연결되었다. 블로그 하나로 인해서 18세대가 연결되었는데 총금액이 6,430만 원이고 3일 만에 공사를 마무리했다.

블로그라는 우물을 하나 파놓았는데, 잠재고객 중 한분이 블로그 내용을 보고 마음에 들어 했던 것이다.

과정이야 어찌 되었든 우물을 파면 우물에 맞는 사람이 오게 되어 있다. 그 동대표 고객은 내가 쓴 글이 너무 좋았다고 한다. 결국 '이런 사람한테 창문을 해보고 싶다.'라고 필이 꽂힌 것이다.

그다음 또 하나 소개할 것은 인스타이다. 지금도 잘 못 하고 방법도 제대로 모르지만 그냥 한번 해 보았다.

내가 공사하는 내용을 그대로 사진 찍어서 인스타에 올렸다. 지금도 공사할 때마다 고객을 감동시키는 것이 내 숙제다. 어떻게든 내 진심을 보여주고 고객들을 감동시키는 것이다. 그리하여 현수막을 만드는 방법을 찾았다.

캘리최 회장님의 '파리에서 도시락을 파는 여자' 중에 본인이 사업을 했다가 망해서 죽으려고까지 했는데. 그때 어머니가 생각나면서 다시 한번 사업을 구상하기 시작했다고 한다. 그리하여 초밥 도시락을 생각하면서 '이제 망하지 않는 회사를 만들겠다. 고객의 이목을 끌기 위해 초밥 만드는 과정을 생생하게 보여주는 쇼를 해야겠다.'라고 생각한 것이다.

나도 새시 교체 시 쇼를 하면 얼마나 좋을까? 새시를 팔지만 쇼를 한번 해 보자고 생각했다.

극장 같은 데를 가서 쇼를 보여주는 게 아니라 살아가는 모습을 그대로 적나라하게 고객들한테 보여주면 되는 것이다. 어렵게 생각할 필요가 없었다.

나는 새시를 파는 사람이니까 새시를 팔 때의 모습을, 정성을 다 해 그대로 보여주자고 마음먹었다. 꾸밈없이 내 모습을 그대로 보여주는데, 앞에서 설명한 대로 현수막뿐만 아니라 그 앞에 테이블까지 만들었다.

일회용 테이블을 만들어 놓고 새시를 비교할 수 있도록 전시해 놓고서 사람들이 관심을 갖도록 한 것이다. 그랬더니 창문을 할 때마다 사람들이 몰려들기 시작했다. 마치 약장수에게 사람들이 모여드는 것처럼 몰려들기 시작한 것이다.

그러나 나는 모든 사람이 계약하는 것을 바라지 않았다.

'딱 한 사람만 계약하자. 딱 한 세대만.'

일단 한 집만 계약하자고 생각했다. 그런데 그 한 집을 계약하는 것이 효과가 어마어마하게 컸다.

예컨대 한 세대라도 계약해서 공사를 하게 되면 다른 사람들이 '우리 집 창문도 바꾸어야 하는데 옆집 바꾸는 거 보니까 우리도 한 번 바꿔 볼까?'라는 갈등이 일어난다. 그때 살짝 스위치만 올려 주면 사람들이 몰려오기 시작한다.

오늘부터라도 시작하자. 하다 보면 방법이 생기고, 실력이 늘어난다. 못 해도 그냥 한번 인스타그램에 올려 보자. 블로그는 좀 시간이 걸리니까 인스타그램이 좀 더 효과적일 것이다. 먼저 인스타그램에 올려놓고, 그다음 블로그에 후기를 쓰는 방식도 효과적이다.

그런데도 고객이 보이지 않는다면 점검해 봐야 한다.

내가 파놓은 SNS 쪽의 우물이 고객들에게 제대로 사용하고 있는지, 아니면 고객들이 원하는 우물인지 정비, 점검을 해야 한다. 다시 우물을 정비해보니 내가 판 우물에 문제가 있다면 다른 사람들의 우물을 한번 보는 것이다. 내 것만 보지 말고 동종 업종을 봐야 한다. 나와 전혀 상관이 없는 업종은 볼 필요 없다. 그런 후 개선할 점을 찾아 고쳐 나가면 된다.

# 11
# 시간을 관리해야 한다

경영학의 아버지인 피터드러커는 대기업의 회장부터, 소기업의 오너에 이르기까지 시간을 어떻게 활용하고 있는지 조사한 후 이를 분석해봤다.

"성과를 내기 위해 하루에 얼마의 시간을 소비합니까?"

놀랍게도 대부분의 오너들이 하루 성과를 내는 시간은 단 1시간도 안 된다고 했다. 나 역시도 성과를 내는 일을 하고 있다고 생각했는데 알고 봤더니, 대기업의 회장님보다 못한, 냉정하게 1시간도 안 된다는 것이었다.

아이젠하워의 시간관리 매트릭스는 스티븐 코비가 강의할 때 100년간의 책들을 하나로 집약해서 만들었던 내용이다. 알고 있는 사람들도 있겠지만 모르는 사람들을 위해서 다시 한번 상기하고자 한다.

시간은 크게 두 가지 축으로 움직이는 긴급함과 중요함이다.

가로축은 긴급하고 긴급하지 않음, 그리고 세로축은 중요하고 중요하지 않음이다. 1번부터 보게 되면 여기를 1사분면의 긴급하고 중

**시간의 매트릭스**

| | 긴급함 | 긴급하지 않음 |
|---|---|---|
| 중요함 | 1<br>• 상사의 지시<br>• 중요한 회의<br>• 가족의 경조사<br>• 비상사태<br>• 긴급한 리포트<br>• 고객의 항의 | 2<br>• 운동<br>• 미래 준비<br>• 교육, 자기계발<br>• 가족간의 대화<br>• 대인 관계<br>• 신앙, 봉사 활동<br>• 휴식, 재충전 |
| 중요하지 않음 | 3<br>• 체면치레 경조사<br>• 눈 도장<br>• 잡다한 우편물<br>• 불필요한 방문, 전화<br>• 형식적인 회의<br>• 의례적 모임<br>• 인기위주 활동 | 4<br>• 잡담<br>• 시간 낭비 활동<br>• 회식(2, 3차)<br>• 지나친 TV 시청<br>• Eye-Shopping<br>• 채팅 |

요한 부분이다. 그리고 2사분면은 긴급하지는 않지만 중요한 것들이다. 3사분면은 중요하지 않지만 급한 일이다.

이는 체면치레, 경조사, 눈도장 찍기, 잡다한 우편물 등등 정말 긴급한 거 같지만 중요치 않은 것들이다.

지금 이 시간에도 우리는 체면치레해야 하는 일도 있겠지만 그럴 필요가 없다. 마지막 4사분면은 급하지도 않고 중요하지 않은 부분이다.

우리는 어떻게 보면 지금 3사분면과 4사분면에 시간을 다 빼앗기고 있는지 모른다. 잡다한 것, 회식, 지나친 TV 시청, 그다음에 아이쇼핑, 채팅 등.

우리가 집중해야 할 곳은 긴급하지 않지만 중요한 부분 바로 2사분면이다. 운동은 바로 우리의 건강과 직결된다. 건강도 신경 써야 하지만 이 부분을 등한시할 때가 있다. 또 미래에 대한 준비, 교육, 자기계발, 가족 간의 대화, 대인 관계, 신앙, 봉사활동, 휴식, 재충전 등 급하지는 않지만 나중에 시간이 지나고 나면 엄청나게 중요한 것들을 생각해 보기 바란다.

1, 2, 3, 4의 내용을 나누어서 한번 설명하고자 한다.

1사분면에 있는 시간은 필수 시간이다.

아는 사람들도 다시 한번 상기하면서 시간의 매트릭스를 보며 정비해야 한다. 그렇지 않으면 시간에 끌려다니기에 십상이다.

2사분면의 시간은 리더십의 시간으로서 준비하는 시간이며, 예방, 가치관을 확립하는 시간이다.

그다음에 3사분면에 있는 시간은 속임수의 시간이다. 급하기는 하지만 중요하지 않다. 그렇기 때문에 우리는 이 시간을 없애야 한다. 그럼 당연히 4사분면에 있는 시간도 없애야 할 것이다.

우리는 당연히 2사분면 쪽에 있는 시간을 확장해 나가야 한다. 그런데 이론은 이해하겠지만 막상 실천하기는 어렵다.

나도 LG 쪽이나 대기업에서 이런 교육을 수도 없이 받았지만 내 것이 안 되었다.

대부분의 사람들은 속임수 시간(3사분면)에 쓰고 있다고 한다.

여러분들은 일단 오늘은 그냥 그대로 백지에 적어놓고 나중에 봐도 늦지 않다. 여러분들이 만약 계획이 없으면 대부분 3~4사분면에 가 있을 것이다. 아이쇼핑, TV 보는 시간 등, TV도 목적을 갖고 보면 괜찮겠지만 그냥 의미 없는 시간들을 보내는데 바꾸어야 한다. 시간의 65%~70%를 2사분면에 집중해야 한다.

우리 소상공인들은 지금 다른 데 신경 쓸 때가 아니다.

건강도 중요하지만 더 중요한 게 있다.

현재 우리가 코로나19 상황에 직면하여 가장 중요한 것은 속된 말일 수도 있겠지만 철저하게 돈이 되는 쪽에 집중을 해야 한다. 이것이 핵심이다.

돈이 없으면 건강도 더 악화되기 마련이다.

만일 현재 수입이 없다면 어떤 생각이 들까?

하루하루가 피가 마르고 건강을 생각할 겨를이 없다. 따라서 우리 소상공인들은 철저하게 돈이 되는 것에 집중해야 한다는 것을 꼭 기억해야 한다.

결국은 2사분면 쪽으로 모든 시간을 할애돼야 하고 집중해야 한다. 그다음에 관리할 것도 2사분면이다. 꼭 기억하자. 우리는 2사분면에 있는 것, 그것도 돈에 집중해야 한다.

이제 시간이 지나면 코로나19도 끝나고 다시 원상복귀될 것이라고 생각할지 몰라도 결코 녹록지 않다. 현재 많은 사람들이 다시 옛날로 돌아가기 힘들다고 한다. 그럼 시간이 가면 갈수록 더 힘들게 마련이고, 우리는 어떻게든 돈이 되는  부분에 집중해야 한다.

스티브 코비는 시간관리에 대한 부분을 주 단위로 정했다.

일주일의 보통 전통적인 시간관리는 그냥 되는 대로 끌려간다. 어떻게든 일이 잡히는 대로 적어놓기 시작하는 것이다. 그러나 이렇게 해서는 안 된다.

먼저 2사분면의 시간을 먼저 끼워놓는다. 이것이 원리이다.

다른 시간은 다 빼놓고, 일단 월, 화, 수, 목, 금, 토에다가 중요한 시간을 먼저 배치해야 한다. 돈이 되는 시간을 먼저 배치해놓고 돈이 안 되는 시간은 뒤로 빼야 한다.

중간에 돈이 안 되는 시간이 와서 나를 건드린다면, 그럼 이 시간을 다 위임시키든가 취소하든가 해야 한다. 이렇게 하는 것이 가장 현명하다.

일이 없을 때는 시간관리, 그 자체가 성립이 안 된다.

내가 경험해보니까 작년 4월, 한 달 계획했던 것이 320만 원이었고 새시를 시공하는 것치고는 진짜 너무 적은 금액이었다. 그런데 이때 돈이 되는 일에 집중해야 하는 일이 하나밖에 없는데, 월, 화, 수, 목, 금, 토를 다 쓸 필요가 없었다. 그래서 그때는 자기계발하는 것에 신경을 썼다. 여러분도 마찬가지겠지만 자기계발은 중요한 시간이다. 바로 2사분면의 시간이기도 하다. 그때 나는 독서와 바인더 생활하는 방법, 그리고 강의를 듣는 것에 집중했다.

복잡하게 하지 말고 단순하게 해야 한다.

시간을 꼭 기록해야만 된다고 생각했는데 이제는 복잡하지 않고 단순하게 한다. 노트를 꺼내지 않아도 좋다. 백지 한 장이면 충분하다.

비록 단순하게 하더라도 성공하는 그날까지 긴장을 늦추어서는 안 된다.